WATCH YOUR MOUTH!

MARK G. NASH • WILLIANS R. FERREIRA

WATCH YOUR MOUTH!

DICIONARIO DE VULGARISMOS, INSULTOS E XINGAMENTOS EM INGLES!

3ª reimpressão

© 2010 Mark G. Nash e Willians R. Ferreira

Preparação de texto: Adriana Moretto / Verba Editorial
Projeto gráfico e capa: Alberto Mateus
Diagramação: Crayon Editorial Ltda.
Assistente de produção: Noelza Patricia Martins.

**Dados Internacionais de Catalogação na Publicação (CIP)
(Câmara Brasileira do Livro, SP, Brasil)**

Nash, Mark G.
  Watch your mouth! : dicionário de vulgarismos, insultos e xingamentos em inglês! : inglês, português / Mark G. Nash e Willians R. Ferreira.-Barueri, SP : DISAL, 2010.

  ISBN 978-85-7844-046-6

  1. Inglês - Dicionários - Português 2. Inglês Expressões idiomáticas I. Ferreira, Willians R.. II. Título.

10-00870   CDD-423.1

Índices para catálogo sistemático:
1. Expressões idiomáticas : Dicionários : Inglês 423.1

Todos os direitos reservados em nome de:
Bantim, Canato e Guazzelli Editora Ltda.

Al. Mamoré, 911 - sala 107, Alphaville
06454-040, Barueri - SP
Tel./Fax: 55 11 4195-2811

Visite nosso site: www.disaleditora.com.br

VENDAS
Televendas: (11) 3226-3111
Fax gratuito: 0800 7707 105/106
E-mail para pedidos: comercialdisal@disal.com.br

Nenhuma parte desta publicação pode ser reproduzida, arquivada ou transmitida de nenhuma forma ou meio sem permissão expressa e por escrito da Editora.

Apresentação

POR MARK G. NASH

"When angry, count to four; when very angry, swear!"

MARK TWAIN

"Quando estiver com raiva, conte até quatro;
Quando estiver com muita raiva, xingue!"

MARK TWAIN

Lembro-me, ainda criança, quando descobri pela primeira vez o poder dos palavrões. A lembrança de ter usado palavrões em segredo, longe dos meus pais, e ter sentido certo deslumbramento ao pronunciá-los ainda é nítida. Eles eram palavras proibidas, palavras feias. Termos de "adultos" e deveriam ser mantidos à distância dos ouvidos das crianças. Os meus pais os usavam em circunstâncias especiais, quando acertava os dedos com o martelo, em vez do prego, ou quando o vaso chinês favorito da minha mãe caía e se espatifava no chão ou quando o cachorro insistia em não parar de latir à noite mantendo todos acordados. Em momentos como esses não há nada mais satisfatório do que proferir um ou dois belos palavrões. De certa forma, dizer "Golly darn!" [Deus do céu!]

ou algo assim parece não proporcionar o mesmo alívio para quem acabou de esmagar o dedo com um martelo!

Embora muitas dessas palavras tenham se tornado banais hoje em dia – estão presentes na fala do dia a dia, em filmes, na TV etc. –, os palavrões ainda carregam um certo peso e poder, até mesmo para os adultos. Nós ainda os usamos moderadamente e somente quando necessário (como quando estamos atrás do volante no trânsito da cidade grande ou quando lidamos com encanadores!). Ainda assim, ainda tentamos, na medida do possível, mantê-los longe dos ouvidos das crianças.

Infelizmente, isso também acontece com os aprendizes de inglês! Na posição de professor, sempre fico admirado com a curiosidade que os alunos brasileiros têm a respeito de palavrões em inglês. Os alunos encontram palavrões em filmes, seriados, na internet, mas nem sempre têm certeza do significado deles. Muitos desses palavrões não são citados nos dicionários comuns.

Este livro é uma tentativa de satisfazer as necessidades e curiosidades dos estudantes brasileiros de inglês. No mínimo, o livro oferece algumas opções da próxima vez que eles acertarem o dedo com um martelo!

POR WILLIANS R. FERREIRA

Do ponto de vista pessoal, sempre tive curiosidade de conhecer todos os aspectos da língua inglesa, não me contentando apenas em conhecer a linguagem considerada culta ou polida. Isto é reflexo do desejo de estar sempre em contato com a linguagem real de filmes, seriados, músicas, revistas, internet. Do ponto de vista profissional e acadêmico, tenho presenciado o mesmo sentimento por parte dos aprendizes de inglês no Brasil. Eles já não se contentam apenas com a linguagem superficial típica de muitos livros didáticos, pois querem entender a língua inglesa real, que é espontânea, orgânica, cheia de surpresas e inovações. Nossa intenção com este dicionário não é incentivar o uso de vulgarismos, mas sim garantir o direito de o leitor conhecer a língua sob todos os seus aspectos. O que para algumas pessoas pode ser considerado tabu, para outras é apenas reflexo da vida como ela é, sem máscaras ou censura. Esperamos que o leitor encontre neste dicionário tudo aquilo que ele não tem coragem de perguntar ao seu professor ou aquilo que o professor não estaria preparado para explicar aos seus alunos!

Como o dicionário está organizado

As palavras e expressões são apresentadas em ordem alfabética. Pequenas variações de grafia encontram-se no mesmo verbete, separadas por uma barra. As informações linguísticas e culturais são registradas em destaque no início do verbete. Para cada palavra ou expressão há um ou mais exemplos de uso em inglês. Todos os exemplos são acompanhados de tradução.

AC/DC

air biscuit

arse

artsy-fartsy | arty-farty

ass kisser | ass licker

ass: bust one's ass

asshole

A.K.

SUBSTANTIVO, acrônimo de *ass kisser*, usado para se referir a uma pessoa bajuladora – puxa-saco, lambe cu. *She only got the promotion because she's such an A.K.!* » Ela só conseguiu a promoção porque é uma baita de uma puxa-saco!

AC/DC

ADJETIVO usado para descrever uma pessoa bissexual – bi, gilete. *See the way he's looking at you? I'm telling you, the guy's AC/DC!* » Você vê o jeito que ele está te olhando? Eu estou te falando, o cara é gilete.

air biscuit

SUBSTANTIVO usado em inglês *britânico* para se referir aos gases intestinais – pum, peido. *OK, who let go the air buscuit!* » Tá legal, quem foi que soltou um peido?

anal | anal retentive

ADJETIVO usado para se referir a uma pessoa que é muito detalhista ou perfeccionista – cricri, crica, cu. *The boss is pretty anal about the accounting. He likes to see where every penny goes.* » O chefe é bem crica com a contabilidade. Ele gosta de ver pra onde cada centavo vai.

apeshit

ADJETIVO usado para se referir a uma pessoa que está muito nervosa – louco, furioso, puto da vida. *Your wife will go apeshit when she finds out!* » A sua mulher vai ficar puta da vida quando descobrir!

arse

SUBSTANTIVO usado em inglês *britânico* para se referir a **1** nádegas – bunda, bumbum, traseiro. *She's OK, but her arse is a little fat.* » Ela é bonita, mas a bunda dela é um pouco grande. **2** uma pessoa tola, insistente ou desligada – tonto, babaca, imbecil, idiota. *I can't stand the little arse who moved in next door.* » Eu não suporto o imbecil que se mudou para o apartamento ao lado. **3** sexo – transa. *So, you getting any arse at work?* » E aí, tá comendo alguém no serviço? **4** *pejorativo* mulher – garota, mina. *You have to see the new crop of arse on campus this year.* » Você tem que ver a mulherada nova no campus da universidade este ano.

arse about face

ADJETIVO OU **ADVÉRBIO** usado em inglês *britânico* para se referir a algo que está errado ou da maneira errada – do jeito errado, ao contrário. *You've got the whole thing arse about face! It's not like that at all.* » Você entendeu tudo errado! Não é nada disso.

arse kisser | arse licker

SUBSTANTIVO usado em inglês *britânico* para se referir a uma pessoa bajuladora – puxa-saco, lambe cu. *The little arse kisser offered to drive the boss to the airport.* » O puxa-saco se ofereceu para levar o chefe de carro ao aeroporto.

arse load

SUBSTANTIVO usado em inglês *britânico* para se referir a uma grande quantidade de algo – muito, muitos, um monte de, uma porrada de. *There's an arse load of people waiting outside.* » Tem uma porrada de gente esperando do lado de fora.

arsehole

SUBSTANTIVO usado em inglês *britânico* para se referir a uma pessoa desprezível – canalha, safado, filho da puta. *The new manager is a real arsehole!* » Esse novo gerente é um filho da puta!

arseholed

ADJETIVO usado em inglês *britânico* para se referir ao estado de embriaguez – bêbado, chapado, trincado. *She came home absolutely arseholed last night.* » Ela chegou em casa trincada ontem à noite.

artsy-fartsy | arty-farty

ADJETIVO usado para se referir a uma pessoa pretensiosa – metida, esnobe. *Are you going out with your artsy-fartsy friends tonight?* » Você vai sair com os seus amigos metidos hoje à noite?

ass kisser | ass licker

SUBSTANTIVO usado em inglês *americano* para se referir a uma pessoa bajuladora – puxa-saco, lambe cu. *She's such an ass licker. She brings the manager his coffee every morning.* » Ela é uma puta puxa-saco. Ela traz cafezinho para o chefe todos os dias de manhã.

arse kisser | arse licker

SUBSTANTIVO usado em inglês *britânico* para se referir a uma pessoa bajuladora – puxa-saco, lambe cu. *The little arse kisser offered to drive the boss to the airport.* » O puxa-saco se ofereceu para levar o chefe de carro ao aeroporto.

ass peddler

SUBSTANTIVO usado para se referir a uma prostituta ou cafetão. *She dresses like an ass peddler.* » Ela se veste como uma prostituta.

ass

SUBSTANTIVO usado em inglês *americano* para se referir a
1 nádegas – bunda, bumbum, traseiro. *Do you think this dress makes my ass look fat?* » Você acha que esse vestido deixa a minha bunda muito grande? **2** uma pessoa tola, insistente ou desligada – tonto, babaca, imbecil, idiota. *If that ass calls again, tell him I'm out!* » Se esse babaca ligar de novo, diga a ele que eu sai! **3** sexo – transa. *He goes to these parties just to get ass.* » Ele só vai a essas festas pra conseguir uma transa. **4 PEJORATIVO** mulher – garota, mina. *Any nice ass in your class?* » Tem alguma garota boazuda na sua classe?

ass: be on someone's ass

EXPRESSÃO pegar no pé, encher o saco de alguém. *The boss has been on my ass all week because I'm late with the sales figures.* » O chefe está me enchendo o saco a semana toda porque eu estou com os relatórios de venda atrasados.

ass: bust one's ass

EXPRESSÃO trabalhar duro, dar um duro, ralar o cu. *I had to bust my ass to get this report done on time!* » Eu tive que ralar o cu pra fazer este relatório a tempo!

ass: get off my ass

INTERJEIÇÃO "me deixe em paz!", "larga do meu pé!", "pare de encher o meu saco!". *I said I'd pay you back the money by Friday, didn't I? Now get off my ass!* » Eu te disse que vou te pagar até sexta-feira, não disse? Então, pare de encher o meu saco!

ass-backwards | ass backward

ADJETIVO usado para se referir a algo errado – atrapalhado, confuso. *You've got everything ass-backwards as usual! You put the wrong cartridge in the printer!* » Você fez tudo errado, como sempre! Você colocou o cartucho errado na impressora!

asshat

SUBSTANTIVO usado para se referir a uma pessoa tola, insistente ou desligada – tonto, babaca, imbecil, idiota. *Way to go, asshat! You just deleted the file!* » Parabéns, seu imbecil! Você acabou de deletar o arquivo!

asshole

SUBSTANTIVO usado em inglês *americano* para se referir a uma pessoa desprezível – canalha, safado, filho da puta. *Why do you hang around with that asshole anyway?* » Por que você anda com esse canalha, afinal?

asswipe

SUBSTANTIVO usado em inglês *americano* para se referir a **1** uma pessoa tola, insistente ou desligada – tonto, babaca, imbecil, idiota. *Do you know that asswipe?* » Você conhece esse babaca? **2** papel higiênico. *Can you bring me a roll of asswipe?* » Você me arruma um rolo de papel higiênico?

b

badass

ball-ache

badass | bad assed

balls

bastard

bitch slap

bleeding

badass | bad assed

ADJETIVO usado para se referir a algo ou alguém excepcional – ótimo, excelente, da hora, animal, fodido. *He drives the most badassed car in town.* » Ele tem o carro mais fodido da cidade.

badass

SUBSTANTIVO usado para se referir a uma pessoa desprezível – canalha, safado, filho da puta. *I missed one class and the badass failed me in math!* » Eu perdi uma aula e o filho da puta me reprovou em matemática!

bag

SUBSTANTIVO usado para se referir ao escroto – saco. *Christ! I've caught my bag on the zipper!* » Cacete! Eu prendi o meu saco no zíper! **VERBO** fazer sexo, transar, comer, foder alguém. *I bet you'd love to bag the new secretary.* » Eu aposto que você adoraria comer a nova secretária.

ball-ache

SUBSTANTIVO usado em inglês *britânico* para se referir a uma situação entediante – chato, porre, pé no saco. *Math class is a total ball-ache!* » A aula de matemática é um puta pé no saco!

balls

SUBSTANTIVO usado para se referir aos **1** testículos – bolas, saco. *He deserves a kick in the balls!* » Ele merece um chute no saco. **2** coragem. *It takes balls to do that!* » Você precisa ter muita coragem para fazer uma coisa dessas! **INTERJEIÇÃO** "merda!", "cacete!". *Balls! I'll be late for work!* » Cacete! Eu vou chegar atrasado no serviço!

ballsy

ADJETIVO usado para descrever uma pessoa corajosa – corajoso, macho, valente, durão. *He stood up to the boss, which I thought was pretty ballsy.* » Ele enfrentou o chefe, o que eu achei bem corajoso da parte dele.

bang

VERBO fazer sexo, transar, comer, foder alguém. *Did you bang that girl last night?* » Você transou com aquela garota ontem à noite?

bastard

SUBSTANTIVO usado para se referir a uma pessoa desprezível – canalha, safado, filho da puta. *What did the bastard do this time?* » O que o canalha fez desta vez?

beat off

(PHRASAL VERB) VERBO PREPOSICIONAL masturbar-se, bater punheta. *He's probably at home tonight beating off.* » Ele provavelmente está em casa hoje à noite batendo punheta.

beaver

SUBSTANTIVO usado para se referir ao órgão sexual feminino – vagina, boceta, perereca, xoxota. *You're just after her beaver, aren't you?* » Você só está interessado na boceta dela, né?

bender

SUBSTANTIVO *pejorativo* usado em inglês *britânico* para se referir a um homem homossexual – gay, veado, boiola, bicha. *Are you sure he's not a bender?* » Você tem certeza de que ele não é veado?

biatch

SUBSTANTIVO, derivado de "bitch", uma mulher desagradável ou mal-humorada – megera, vaca. *You should hear what the little biatch has been saying behind your back.* » Você deveria ouvir o que a megera tem falado sobre você pelas costas.

bitch piss

SUBSTANTIVO usado em inglês *britânico* para se referir a um tipo de refrigerante alcoólico à base de frutas geralmente consumido por mulheres. *How can you drink that bitch piss?* » Como é que você consegue beber isso?

bitch slap

SUBSTANTIVO usado em inglês *americano* para se referir a uma bofetada – tapa, bolacha, tabefe. *You should have given her a bitch slap.* » Você deveria ter dado um tabefe nela. **VERBO** usado em inglês *americano* – dar uma bofetada, tapa, bolacha, tabefe no rosto de alguém. *I ought to bitch slap the stupid bastard!* » Eu deveria dar um tabefe na cara do filho da puta!

bitch

SUBSTANTIVO usado para se referir a **1** uma mulher desagradável ou mal-humorada – megera, vaca. *That stupid bitch took my parking space!* » Aquela vaca desgraçada roubou a minha vaga de estacionar! **2** *pejorativo* mulher, namorada – mina. *I can't go tonight. I've got to drive my bitch to her sister's.* » Eu não vou poder ir hoje à noite. Eu tenho que levar a minha mina na casa da irmã dela. **3** algo desagradável ou difícil – porre, saco. *The traffic was a bitch this morning.* » O trânsito estava um saco hoje cedo. **VERBO** reclamar, falar mal, resmungar.

What are you bitching about now? » Sobre o que você está resmungando agora?

bitch tits

SUBSTANTIVO usado para se referir aos seios de gordura em homem que bebe muita cerveja – tetas. *Better lay off the beer, Paul. You're getting bitch tits!* » É melhor você parar com a cerveja, Paul. Você está ficando com tetas!

bitchy

ADJETIVO usado para se referir a uma pessoa mal-humorada – de cara feia, azedo. *Are you always so bitchy in the morning?* » Você é sempre azedo assim de manhã?

bite me

INTERJEIÇÃO usada em inglês *americano* – "vá tomar banho!", "vá se danar!". *You don't like it? Bite me!* » Você não gosta disso? Vá se danar!

bleeding

ADJETIVO, alternativa menos ofensiva para a palavra *bloody*, usado em inglês *britânico* para se referir a algo desagradável ou para enfatizar algo – bendito (irônico), desgraçado. *Where's the bleeding newspaper?* » Onde está o bendito jornal?

bloody

ADJETIVO usado em inglês *britânico* para se referir a algo desagradável ou para enfatizar algo – infeliz, desgraçado, porcaria. *It's none of your bloody business!* » Não é da sua conta porcaria nenhuma! **INTERJEIÇÃO** usada em inglês *britânico* – "cacete!", "puta merda!". *Oh, bloody! Look at the time!* » Puta merda! Olha que horas são!

blow job

SUBSTANTIVO usado para se referir a sexo oral – chupeta, boquete. *She gave him a blow job on the back seat.* » Ela fez uma chupeta para ele no banco de trás do carro.

blow

VERBO fazer sexo oral – fazer uma chupeta, fazer um boquete. *She was blowing him behind the school.* » Ela estava fazendo uma chupeta para ele atrás da escola.

boff

VERBO fazer sexo, transar, foder, comer alguém. *I walked in and found him boffing her on the sofa.* » Eu entrei e encontrei ele comendo ela no sofá.

bollocks

INTERJEIÇÃO usada em inglês *britânico* – "merda!", "porra!", "caralho!". *Bollocks! We've just missed the last bus!* » Porra! Acabamos de perder o último ônibus!

boner

SUBSTANTIVO usado para se referir a uma ereção – pau duro. *Looks like he's got a boner!* » Parece que ele está de pau duro.

bonk

VERBO fazer sexo, transar, foder, comer alguém. *Do you think he's bonking his secretary?* » Você acha que ele está comendo a secretária?

boob job

SUBSTANTIVO usado para se referir a implante de silicone nos seios. *There's no way those are real. She had a boob job for sure.* » Aquilo não é de verdade nem na China. Ela fez implante de silicone nos seios.

boob

SUBSTANTIVO usado para se referir a uma pessoa tola, insistente ou desligada – tonto, babaca, imbecil, idiota. *What does that boob think he's doing?* » O que aquele tonto pensa que está fazendo?

boobies | boobs

SUBSTANTIVO usado para se referir aos seios femininos – peitos, tetas, *airbags. She's got a nice pair of boobs, don't you think?* » Ela tem um belo par de seios, você não acha? *Check out her boobies!* » Saca só os peitos dela!

box

SUBSTANTIVO usado para se referir ao órgão sexual feminino – vagina, boceta, perereca, xoxota. *She was naked except for a little g-string to cover her box.* » Ela estava quase pelada, com um fio dental bem pequeno cobrindo a perereca.

broad

SUBSTANTIVO PEJORATIVO usado para se referir a uma mulher – mulher, gata, mina. *Check out that broad at the next table.* » Dá uma olhada naquela mina na outra mesa.

BS | B.S.

SUBSTANTIVO, abreviação de "bullshit", usado para se referir à mentira ou comentário irrelevante – lorota, besteira, merda. *What a load of BS!* » Que monte de besteira!

bugger all

SUBSTANTIVO usado para se referir à falta de algo ou para enfatizar – nada, coisa alguma, porcaria nenhuma, porra nenhuma. *He does bugger all at the office.* » Ele não faz porra nenhuma no escritório.

bugger

SUBSTANTIVO usado para se referir a **1** uma pessoa – sujeito, cara, maluco. *Sam's a pretty decent bugger when you get to know him.* » O Sam é um sujeito decente para quem o conhece bem. **2** uma pessoa desprezível – desgraçado, canalha, safado, filho da puta. *What does that stupid bugger want now?* » O que aquele desgraçado quer agora? **VERBO** estragar, arruinar, foder algo. *I buggered my knee playing tennis.* » Eu fodi meu joelho jogando tênis. **INTERJEIÇÃO** "puta que pariu!", "puta merda!", "cacete!", "caralho!". *Bugger! I'm late for work!* » Caralho! Estou atrasado para o trabalho!

bull | bullshit

SUBSTANTIVO usado para se referir à mentira ou comentário irrelevante – lorota, besteira, merda. *I don't believe half of the bullshit he says.* » Eu não acredito em metade das besteiras que ele diz. *What a load of bull!* » Que monte de besteira! **VERBO** mentir, enganar, enrolar, sacanear (alguém). *Are you bullshitting me?* » Você está me sacaneando?

bum

SUBSTANTIVO usado para se referir às nádegas – bunda, traseiro, rabo. *She's got a nice bum.* » Ela tem um belo traseiro.

buns

SUBSTANTIVO usado para se referir às nádegas – traseiro, bunda, rabo. *Get off your buns and give me a hand!* » Levanta o rabo daí e venha me ajudar!

bush

SUBSTANTIVO usado para se referir aos pelos púbicos da vagina. *You'll have to do something about that bush if you want to wear a bikini.* » Você vai ter que aparar esses pelos se quiser usar um biquíni.

bust one's ass | bust one's butt

EXPRESSÃO fazer um grande esforço, dar um duro danado, foder-se, ralar o cu. *I had to bust my ass to get where I am today.* » Eu tive que me foder para chegar onde estou hoje.

butt

SUBSTANTIVO usado para se referir as nádegas – bunda, traseiro, rabo. *Check out the butt on her.* » Se liga na bunda dela!

chuff

cock

candy ass

chickenshit

crap out

chink

call girl

call girl

SUBSTANTIVO usado para se referir a uma prostituta – garota de programa, puta. *The scandal involved a senator and a call girl.* » O escândalo envolveu um senador e uma garota de programa.

candy ass

SUBSTANTIVO usado para se referir a uma pessoa medrosa – covarde, bundão, cuzão. *You're afraid of that little dog? What a candy ass!* » Você está com medo desse cachorrinho? Que bundão!

chick

SUBSTANTIVO usado para se referir a uma mulher – moça, garota, mina, gata. *Check out those chicks in bikinis!* » Se liga naquelas gatas só de biquíni!

chickenshit

SUBSTANTIVO usado para se referir a **1** algo insignificante ou trivial – nada, café pequeno, fichinha. *That's chickenshit for her. She's a millionaire.* » Isso é café pequeno para ela. Ela é uma milionária. **2** pessoa sem coragem – covarde, mole, bundão. *I'll bet the chickenshit was too afraid to fight.* » Eu aposto que o bundão estava com medo de brigar.

chink

SUBSTANTIVO PEJORATIVO usado para se referir a um chinês (pessoa) – china. *Who's the chink with Susan?* » Quem é o china com a Susan?

chuff

VERBO soltar gases, peidar. *Open the window. Someone's just chuffed here!* » Abra a janela. Alguém peidou aqui!

clap

SUBSTANTIVO sempre usado com artigo "the", para se referir à gonorreia. *The doctor said it was the clap.* » O médico disse que era gonorreia.

cluster fuck

SUBSTANTIVO usado em inglês *americano* para se referir a uma situação caótica – bagunça, circo, zona. *He's lost his job, his wife left him and he's about to lose his house. I'll tell you, it's a total cluster fuck for Harry!* » Ele perdeu o emprego, a mulher dele o deixou e ele está prestes a perder a casa. Vou te contar, a vida do Harry está uma zona!

cobblers

SUBSTANTIVO usado em inglês *britânico* para se referir aos testículos – bolas, saco. *She gave him a kick in the cobblers.* » Ela deu um chute no saco dele.

cock

SUBSTANTIVO usado para se referir ao órgão sexual masculino – pênis, pinto, pau. *Put it back inside your pants! Nobody wants to see your cock!* » Guarda isso! Ninguém quer ver o seu pinto!

cock tease

SUBSTANTIVO usado para se referir a uma mulher provocante e sedutora mas que não vai para a cama – fogo de palha. *She's all friendly on a date and stuff, but she won't go to bed with me. She's just a cock tease.* » Ela é toda simpática no namoro e coisa e tal, mas não quer ir pra cama comigo. Ela é só fogo de palha!

cocksucker

SUBSTANTIVO usado para se referir a uma pessoa desprezível – canalha, safado, filho da puta. *What did the little cocksucker say about me?* » O que aquele filho da puta falou de mim?

cock-up

SUBSTANTIVO usado em inglês *britânico* para se referir a um erro – gafe, mancada, cagada. *The boss will kill us for this cock-up!* » O chefe vai matar a gente por causa dessa cagada!

come

SUBSTANTIVO usado para se referir ao sêmen – esperma, porra. *There's come on the sheets.* » Tem esperma nos lençóis.
VERBO chegar ao orgasmo, gozar. *She pretended she was coming.* » Ela fingiu que estava gozando.

crap load

SUBSTANTIVO usado para se referir a uma grande quantidade de algo – muito, muitos, um monte de, uma porrada de. *He made a crap load of money in the stock market this year.* » Ele ganhou muito dinheiro no mercado de ações este ano.

crap out

(PHRASAL VERB) VERBO PREPOSICIONAL 1 quebrar, enguiçar. *The air conditioner crapped out again!* » O ar-condicionado enguiçou de novo! **2** desistir, cair fora, dar pra trás. *She crapped out at the last minute.* » Ela deu pra trás na última hora.

crap

SUBSTANTIVO usado para se referir a **1** fezes – cocô, merda, bosta. *Look! You just stepped in crap.* » Olha aí! Você acabou de pisar na bosta! **2** algo que não presta – porcaria, merda, bosta. *How can you eat that crap?* » Como você pode comer essa porcaria? **3** mentira, besteira, papo-furado. *Tell me what happened and no crap!* » Me diga o que aconteceu e nada de mentira! **4** coisas, tralha, porcaria. *Put your crap in the trunk and let's go.* » Coloque as suas tralhas no porta-malas e vamos embora. **VERBO 5** defecar – fazer cocô, cagar. *He's crapping behind that bush.* » Ele está cagando lá atrás do mato.

crap: take a crap | have a crap

EXPRESSÃO defecar, fazer cocô, cagar, soltar um barro, dar um cagão. *Where's the bathroom? I have to take a crap.* » Onde fica o banheiro? Eu tenho que soltar um barro.

crapper

SUBSTANTIVO usado para ser referir ao vaso sanitário – toalete, banheiro, privada. *Where's the crapper?* » Onde fica a privada?

cream

VERBO ejacular, gozar. *He creamed all over her.* » Ele gozou em cima dela.

crock | crock of shit

SUBSTANTIVO usado para se referir a uma mentira – besteira, papo-furado, merda. *You didn't believe that crock of shit, did you?* » Você não acreditou naquele monte de besteira, acreditou?

cum ver come

cunt

SUBSTANTIVO usado para se referir a **1** vagina – boceta, perereca, xoxota. *You're just interested in cunt, mate.* » Você só está interessado em boceta, cara. **2** pessoa desprezível – canalha, safado, filho da puta. *What is that cunt doing here anyway?* » O que é que esse safado está fazendo aqui afinal? **3 PEJORATIVO** mulher – garota, mina, gata. *Any nice cunts at the party last night?* » Alguma mina da hora na festa ontem à noite?

cut the cheese

EXPRESSÃO soltar gases, soltar pum, peidar. *OK, who cut the cheese?* » Tá legal, quem foi que peidou?

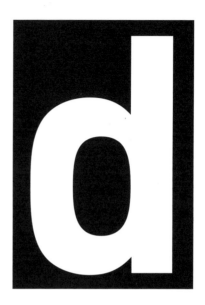

dago

damn

dick

dickweed

diddle

dong

doo-doo

dago

SUBSTANTIVO PEJORATIVO usado para se referir a uma pessoa latina. *We didn't hang out with the dagos much in our hood.* » A gente não andava muito com os latinos no nosso bairro.

damn | damn it

INTERJEIÇÃO "caramba!", "putz!", "droga!". *Damn it! We just missed the last bus!* » Droga! Acabamos de perder o último ônibus!

damn

ADJETIVO usado para se referir a algo ou alguém desagradável ou para enfatizar – desgraçado, infeliz, miserável, bendito. *Where's the damn remote control?* » Onde está a desgraça do controle remoto?

dangleberry

SUBSTANTIVO usado para se referir a **1** excremento nos pelos ao redor no ânus. *I'll bet his hairy ass is full of dangleberries!* » Eu aposto que o rabo peludo dele está cheio de sujeira. **2** pessoa tola, insistente ou desligada – tonto, babaca, imbecil, idiota. *Who's the dangleberry that spilled coffee on my desk?* » Quem foi o imbecil que derramou café na minha mesa?

darkie | darky

SUBSTANTIVO PEJORATIVO usado para se referir a uma pessoa de cor negra ou parda. *She married a darky.* » Ela se casou com um negro.

dick | dick all

SUBSTANTIVO usado em inglês *canadense* para se referir à falta de algo – nada, coisa alguma, porra nenhuma, porcaria nenhuma. *"So what did you do last night?" "Dick all. You?"* » "E aí, o que você fez ontem à noite?" "Porra nenhuma. E você?". *She doesn't know dick about music!* » Ela não entende porra nenhuma de música!

dick

SUBSTANTIVO usado para se referir ao **1** órgão sexual masculino – pênis, pinto, pau, cacete, caralho. *He pulled out his dick and peed in front of everyone!* » Ele tirou o pinto pra fora e mijou na frente de todo mundo! **2** pessoa tola, insistente ou desligada – tonto, babaca, imbecil, idiota. *Why do you hang around with that dick anyway?* » Por que você anda por aí com esse babaca afinal?

dickhead

SUBSTANTIVO usado para se referir a uma pessoa tola, insistente ou desligada – tonto, babaca, imbecil, idiota. *Look here dickhead, that's my seat!* » Olha aqui, imbecil, esse é o meu lugar!

dickweed

SUBSTANTIVO usado para se referir a uma pessoa tola, insistente ou desligada – tonto, babaca, imbecil, idiota. *You called the wrong number again. There's no 'Jeff' here dickweed!* » Você ligou no número errado de novo. Não tem nenhum "Jeff" aqui, imbecil!

diddle

VERBO **1** masturbar-se ou masturbar alguém. *He diddled her on the back seat.* » Ele a masturbou no banco de trás do carro. **2** fazer sexo – transar, comer, foder alguém. *Did you diddle her or what?* » Afinal, você comeu ela ou não? **3** enganar, trapacear, sacanear, foder alguém. *That's way too much for the car. He's trying to diddle you.* » É muita grana pelo carro. Ele está tentando te foder.

diddly-shit | diddly-squat

SUBSTANTIVO usado para se referir à falta de algo ou algo insignificante – nada, coisa alguma, porcaria nenhuma, porra nenhuma, merda. *The job is fun but it pays diddly-shit.* » O serviço é legal, mas o salário é uma merda.

dike

SUBSTANTIVO PEJORATIVO usado para se referir a uma mulher homossexual – lésbica, sapatão. *This is where the dikes hang out.* » Este é o lugar onde as lésbicas circulam.

dildo

SUBSTANTIVO usado para se referir a um pênis artificial – pinto de borracha. *We gave her a dildo for Christmas as a joke.* » Nós demos um pinto de borracha pra ela no Natal, só de brincadeira. **2** pessoa tola, insistente ou desligada – tonto, babaca, imbecil, idiota. *Quit being such a dildo!* » Pare de bancar o idiota!

ding-dong

SUBSTANTIVO usado para se referir a uma pessoa tola, insistente ou desligada – tonto, babaca, imbecil, idiota. *He's such a ding-dong sometimes!* » Ele é tão tonto, às vezes!

dinghead

SUBSTANTIVO usado para se referir a uma pessoa tola, insistente ou desligada – tonto, babaca, imbecil, idiota. *So the little dinghead from the airline told us to wait while they tried to locate our luggage.* » Aí o babaca do funcionário da companhia aérea nos pediu para esperar enquanto ele tentava localizar as nossas bagagens.

dink

SUBSTANTIVO usado para se referir ao órgão sexual masculino – pinto, pau, cacete, caralho. *Christ! The dog is rubbing his dink on the sofa!* » Caralho! O cachorro está esfregando o pinto no sofá!

dipshit

SUBSTANTIVO usado para se referir a uma pessoa tola, insistente ou desligada – tonto, babaca, imbecil, idiota. *I'm leaving if that dipshit shows up!* » Eu vou embora se aquele babaca aparecer!

dipstick

SUBSTANTIVO usado para se referir a uma pessoa tola, insistente ou desligada – tonto, babaca, imbecil, idiota. *You remember that dipstick that used to date my sister in high school? Yeah well, now he's a big shot on Wall Street.* » Você se lembra daquele babaca que namorava a minha irmã no colégio? Então, hoje ele é um figurão em *Wall Street*.

dong

SUBSTANTIVO usado para se referir ao órgão sexual masculino – pênis, pinto, pau, cacete, caralho. *He pulled out his dong in front of everyone.* » Ele tirou o pinto pra fora na frente de todo mundo.

doo-doo

SUBSTANTIVO usado para se referir a fezes – cocô, merda, bosta. *Watch where you step! The sidewalk is full of dog doo-doo.* » Olha onde pisa! A calçada está cheio de bosta de cachorro!

drag queen

SUBSTANTIVO usado para se referir a um travesti – *drag*. *It took me a while before I realized I was talking to a drag queen, not a woman.* » Levou um tempo até eu perceber que estava falando com uma *drag*, e não com uma mulher.

dumbass | dumb-ass

SUBSTANTIVO usado para se referir a uma pessoa tola, insistente ou desligada – tonto, babaca, imbecil, idiota. *Of course I'm not serious! Don't be such a dumbass!* » Claro que eu não estou falando sério! Não seja tonto! **ADJETIVO** usado para se referir a uma pessoa ou algo tolo – tonto, babaca, imbecil, idiota. *That's the most dumbass thing I've ever heard!* » Essa é a coisa mais idiota que eu já ouvi!

dyke ver dike

easy make

eat out

eat shit

eff off

effing

eyetie

easy make

SUBSTANTIVO usado para se referir a uma pessoa promíscua – pessoa fácil de levar para a cama, galinha. *Everyone knows she's an easy make.* » Todo mundo sabe que ela é uma galinha.

eat out

(PHRASAL VERB) **VERBO PREPOSICIONAL** fazer sexo oral (em mulher). *She likes it when you eat her out first.* » Ela gosta de receber sexo oral primeiro.

eat shit

INTERJEIÇÃO "vá se foder!", "vá tomar no cu!". *"Hey, that's my chair!" "Eat shit! I saw it first!"* » "Ei, essa cadeira é minha!" "Vá se foder! Eu a vi primeiro!"

eff off

INTERJEIÇÃO, alternativa menos ofensiva do que "fuck off" – "cai fora!", "suma!", "vaza daqui!" *Why don't you just eff off and let me work in peace?* » Por que você não cai fora e me deixa trabalhar em paz?

effing

ADJETIVO OU **ADVÉRBIO**, alternativa menos ofensiva do que "fucking" usada para enfatizar – completamente, totalmente, do cacete, pra cacete. *That effing idiot brought us the wrong part!* » Aquele imbecil do cacete trouxe a peça errada!

eyetie

SUBSTANTIVO PEJORATIVO usado para se referir a uma pessoa italiana. *The neighbour is an eyetie, but he's alright.* » O vizinho é italiano, mas ele é legal.

fairy

family jewels

fart knocker

fat-ass

f-ing

fox

fuck buddy

fag | faggot

SUBSTANTIVO PEJORATIVO usado para se referir a um homem homossexual – gay, veado, bicha, boiola. *I'm sure the math teacher is a fag. Just look at the way he dresses.* » Eu tenho certeza de que o professor de matemática é veado. Olha só o jeito que ele se veste.

fairy

SUBSTANTIVO PEJORATIVO usado para se referir a um homem homossexual – gay, veado, bicha, boiola. *He walks like a fairy, don't you think?* » Ele anda como uma bicha, você não acha?

family jewels

SUBSTANTIVO usado para se referir aos testículos – bolas, saco. *I'd have given the bastard a kick in the family jewels for what he did!* » Eu teria dado um chute nas bolas do desgraçado pelo que ele fez!

fanny

SUBSTANTIVO usado em inglês *britânico* para se referir às nádegas – bunda, traseiro, rabo. *She's got a nice fanny!* » Ela tem um belo traseiro!

fart about | fart around

(PHRASAL VERB) VERBO PREPOSICIONAL desperdiçar tempo, ficar à toa, coçar o saco. *Why don't you get a job instead of farting around all day with your friends?* » Por que você não arruma um emprego em vez de ficar coçando o saco o dia inteiro com os seus amigos?

fart knocker

SUBSTANTIVO PEJORATIVO homem homossexual – gay, veado, bicha, boiola. *What's that little fart knocker whining about now?* » Do que o veadinho está reclamando agora?

fart

SUBSTANTIVO usado para se referir aos gases intestinais – peido, pum. *Someone just let a fart go!* » Alguém soltou um peido! VERBO peidar, soltar um pum. *Did you just fart?* » Você peidou?

fatass | fat-ass

SUBSTANTIVO PEJORATIVO usado em inglês *americano* para se referir a uma pessoa obesa – gordo, gorducho, balofo, baleia. *Check out the size of the fatass on the bike!* » Olha o tamanho daquele balofo na bicicleta!

f-ing

ADJETIVO ou **ADVÉRBIO**, alternativa menos ofensiva do que "fucking" usada para enfatizar – completamente, totalmente, do cacete, pra cacete. *We're effing late! Let's go.* » Nós estamos atrasados pra cacete. Vamos embora.

finger

SUBSTANTIVO, sempre com o artigo "the", usado para se referir ao gesto obsceno com o dedo do meio. *Did you see that? The guy just gave me the finger!* » Você viu isso? O cara me mostrou o dedo! **VERBO** estimular o clitóris com o dedo, masturbar (mulher). *She let him finger her in the cinema.* » Ela o deixou masturbá-la no cinema.

fingerfuck

VERBO estimular a vagina ou o ânus com os dedos, masturbar. *He tried to fingerfuck her, but she wouldn't let him.* » Ele tentou masturbá-la mas ela não deixou.

f-off

INTERJEIÇÃO, alternativa menos ofensiva do que "fuck off" – "cai fora!", "suma!", "vaza daqui!" *Eff off! I want to be alone.* » Cai fora! Eu quero ficar sozinho.

fox

SUBSTANTIVO usado para se referir a uma mulher sexualmente atraente – gata, gostosa. *My ex-manager was a real fox.* » A minha ex-gerente era uma gostosa.

frigging

ADJETIVO ou **ADVÉRBIO**, alternativa menos ofensiva que "fucking", usado para enfatizar. *The frigging car broke down again!* » O maldito carro quebrou de novo!

fruit

SUBSTANTIVO PEJORATIVO usado para se referir a um homem homossexual – gay, veado, bicha, boiola. *Don't be such a fruit! Come play with us.* » Não seja boiola! Venha jogar com a gente.

fubar

ADJETIVO, acrônimo de "fucked up beyond all recognition" ou "fucked up beyond all repair", usado em inglês *americano* para descrever algo que está arruinado – acabado, fodido. *Their marriage is fubar. I hear she's asking him for a divorce.* » O casamento deles está acabado. Eu soube que ela está pedindo o divórcio.

fuck a duck

INTERJEIÇÃO "porra!", "puta que pariu!", "cacete!". *Fuck a duck! I left my wallet in the car!* » Porra! Esqueci a carteira no carro!

fuck about | fuck around

(PHRASAL VERB) VERBO PREPOSICIONAL ficar à toa, vagabundear, coçar o saco. *Stop fucking about and get to work!* » Pare de coçar o saco e volte para o serviço!

fuck all

SUBSTANTIVO usado para se referir à falta de algo ou para enfatizar – nada, coisa alguma, porcaria nenhuma, porra nenhuma. *You don't know fuck all about it, so shut up.* » Você não sabe porra nenhuma sobre o assunto, então cale a boca.

fuck around (on someone)

(PHRASAL VERB) VERBO PREPOSICIONAL ter relações sexuais com outra pessoa, trair alguém. *He's fucking around on his girlfriend.* » Ele está traindo a namorada.

fuck buddy

SUBSTANTIVO usado para se referir a um parceiro para sexo casual – caso. *She's not my girlfriend. She's just a fuck buddy.* » Ela não é minha namorada. Ela é só um caso.

fuck bunny

SUBSTANTIVO usado para se referir a uma mulher que gosta muito de fazer sexo – ninfomaníaca. *Are you looking for a girlfriend or a fuck bunny?* » Você está procurando por uma namorada ou uma ninfomaníaca?

fuck it

INTERJEIÇÃO 1 "esquece!", "deixa pra lá!", "dane-se!", "foda-se!". *"What were you saying?" "Fuck it. It wasn't important anyway."* » "O que você estava dizendo?" "Esquece. Não era nada importante." **2** "cacete!", "puta que o pariu!", "caralho!". *Fuck it! I just broke a nail.* » Cacete! Eu quebrei uma unha.

fuck load

SUBSTANTIVO usado para se referir a uma grande quantidade de algo – muito, muitos, um monte de, uma porrada de. *I've got a fuck load of problems to sort out this week.* » Eu tenho uma porrada de problemas para resolver esta semana.

fuck me

INTERJEIÇÃO "merda!", "caralho!", "puta que o pariu!". *Well fuck me! The stupid car won't start!* » Caralho! A porra do carro não quer pegar!

fuck off

INTERJEIÇÃO "suma daqui!", "cai fora!", "vá se foder!". *Fuck off! I don't want to see your face anymore!* » Vá se foder! Eu não quero ver mais a sua cara!

fuck over

(PHRASAL VERB) **VERBO PREPOSICIONAL** tirar proveito, trapacear, sacanear, foder alguém. *My ex-wife really fucked me over good.* » A minha ex-mulher me fodeu legal.

fuck

SUBSTANTIVO usado para se referir a **1** sexo – transa, foda, trepada. *Did you at least get a decent fuck out of the deal?* » Você ao menos conseguiu uma boa transa nessa história toda? **2 PEJORATIVO** pessoa com quem se faz sexo, parceiro sexual. *She's a great fuck, I'll tell you.* » Ela é muito boa de cama, pra falar a verdade. **3 PEJORATIVO** pessoa desprezível – desgraçado, safado, canalha, filho da puta. *Which one of you stupid fucks turned off my computer?* » Qual foi o filho da puta de vocês que desligou o computador? **VERBO 1** fazer sexo, transar, trepar, comer, foder alguém. *She won't fuck you on the first date.* » Ela não vai transar com você no primeiro encontro. **2** enganar, roubar, trapacear, foder alguém. *You paid way too much. You were fucked, man!* » Você pagou caro demais. Eles te foderam, cara! **3** mexer, bagunçar, fuçar em algo. *Who's been fucking with my stuff?* » Quem andou fuçando nas minhas coisas? **4** desafiar, fazer gracinhas, mexer, encher o saco de alguém. *Better not fuck with him. He's in a bad mood.* » É melhor não mexer com ele. Ele está de mal humor. **ADJETIVO** usado para se referir a uma situação muito difícil – ferrado, lascado, fodido. *If my wife finds out, I'm fucked!* » Se a minha mulher descobrir, eu estou fodido! **ADVÉRBIO**, sempre com o artigo "the", usado para intensificar, geralmente em perguntas – porra, caralho. *Who the fuck are you?* » Quem é você, porra? *What the fuck is going on here?* » Que porra que está acontecendo aqui? *Get the fuck out of here before I call the cops!* » Cai fora daqui, caralho, antes que eu chame a polícia! **INTERJEIÇÃO** "puta que o pariu!", "merda!", "cacete!". *Fuck! There goes the bus!* » Cacete! Lá se vai o ônibus!

fuck that | fuck that noise

INTERJEIÇÃO geralmente usada como resposta negativa a algo que alguém acabou de dizer – "dane-se!", "foda-se!", "nem a pau!". *"I say we tell the boss before he finds out." "Fuck that! He'll fire us."* » "Eu acho melhor a gente contar para o chefe antes que ele descubra." "Foda-se! Ele vai demitir a gente." *What? Leave now? Fuck that noise! The party just started!* » O quê? Ir embora agora? Nem a pau! A festa acabou de começar!

fuck the dog

EXPRESSÃO desperdiçar tempo, fazer nada, ficar à toa, coçar o saco. *I don't pay you to fuck the dog. I pay you to work!* » Eu não te pago para ficar aí coçando o saco! Eu te pago para trabalhar!

fuck trophy

SUBSTANTIVO PEJORATIVO usado para se referir a um bebê – neném, moleque, guri. *He says he's not the father of the fuck trophy.* » Ele diz que não é o pai do moleque.

fuck up

(PHRASAL VERBS) VERBO PREPOSICIONAL estragar, arruinar, acabar, foder com algo. *Quit making those stupid faces! You're fucking up all the photos!* » Pare de fazer essas caretas idiotas! Você está estragando todas as fotos!

fuck you | fuck yourself

INTERJEIÇÃO "vá se danar!", "vá se foder!", "vá tomar no cu!". *Fuck you! I don't want to see you any more!* » Vá se foder! Eu não quero mais te ver! *"Can you lend me fifty bucks till the end of the month?" "Fuck yourself! You still owe me a hundred from last month."* » "Você me empresta cinquenta contos até o fim do mês?" "Vá se foder! Você ainda me deve cem do mês passado."

fuck: for fuck sake | for fuck's sake

INTERJEIÇÃO, alternativa mais vulgar do que "for God's sake" – "pelo amor de Deus!", "porra!", "caralho!". *For fuck sake! I was only joking! Calm down!* » Caralho! Eu só estava brincando! Relaxa!

fuckface | fuck-face

SUBSTANTIVO usado para se referir a uma pessoa tola, insistente ou desligada – tonto, babaca, imbecil, idiota. *Why don't you tell fuckface over there to mind his own business!* » Por que você não diz pra aquele imbecil tomar conta da vida dele?

fuckhead

SUBSTANTIVO usado para se referir a uma pessoa tola, insistente ou desligada – tonto, babaca, imbecil, idiota. *That fuckhead almost hit us with his car!* » Aquele idiota quase atropelou a gente com o carro!

fucking

ADJETIVO usado para enfatizar – maldito, desgraçado, filho da puta, a porra de. *Where did I leave the fucking key?* » Onde eu deixei a porra da chave? ADVÉRBIO usado para enfatizar – totalmente, completamente, pra cacete. *You're fucking stupid!* » Você é burro pra cacete!

fucknut

SUBSTANTIVO, derivação de "fucking nutcase", usado para se referir a uma pessoa psicologicamente desequilibrada – louco, maluco, doido. *The fucknut jumped off the bridge!* » O maluco pulou da ponte!

fucktard

SUBSTANTIVO, derivação de "fucking retard", usado para se referir a uma pessoa tola, insistente ou desligada – tonto, babaca, imbecil, idiota. *I'll explain it to you again, fucktard!* » Eu vou te explicar de novo, seu imbecil!

fuck-up | fuck up

SUBSTANTIVO usado para se referir a **1** uma pessoa tola, insistente ou desligada – tonto, babaca, imbecil, idiota. *I wouldn't trust that fuck-up with anything important.* » Eu não confiaria nesse idiota para nada importante! **2** erro – mancada, gafe, cagada. *Just wait till the boss finds out about this new fuck-up!* » Espere até o chefe descobrir sobre essa nova cagada! *(PHRASAL VERB)* **VERBO PREPOSICIONAL** estragar, arruinar, foder (com algo). *Well, you've certainly fucked up your chances of dating her again!* » Bem, você com certeza fodeu com as suas chances de sair com ela novamente!

f-word

SUBSTANTIVO, eufemismo para a palavra "fuck", usado para se referir a uma palavra de baixo calão – palavrão, besteira. *Would you mind not using the f-work in front of the kids?* » Daria pra você não falar palavrões na frente das crianças?

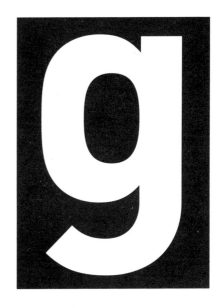

gagging for it

gang-bang | gang bang

gender bender

give a fuck | give a flying fuck

give a rat's ass

give a shit

go down (on someone)

gagging for it

EXPRESSÃO usada para se referir a uma mulher com muita vontade de fazer sexo – louca para transar (mulher), na febre. *She was gagging for it!* » Ela estava na febre!

gang-bang | gang bang

SUBSTANTIVO usado para se referir a sexo grupal – suruba. *She's not into gang-bangs.* » Ela não é chegada em surubas.

gender bender

SUBSTANTIVO usado para se referir a um travesti. *Check out the hairy legs. That's either a very ugly girl or a gender bender!* » Saca só as pernas cabeludas. Ou ela é uma mulher muito feia ou é um travesti.

give a fuck | give a flying fuck

EXPRESSÃO, geralmente usada na forma negativa – importar-se, preocupar-se, dar a mínima. *I don't give a fuck who you are!* » Eu não dou a mínima pra quem você é!

give a rat's ass

expressão, geralmente usada na forma negativa – importar-se, preocupar-se, dar a mínima. *I don't give a rat's ass who he is.* » Eu não dou a mínima pra quem ele é.

give a shit

EXPRESSÃO, geralmente usada na forma negativa – importar-se, preocupar-se, dar a mínima. *I don't give a shit what you think. It's my life, not yours!* » Eu não dou a mínima para o que você pensa. É a minha vida, não a sua!

go down (on someone)

(PHRASAL VERB) **VERBO PREPOSICIONAL** fazer sexo oral em alguém – fazer uma chupeta, fazer um boquete. *She went down on him in the changing room.* » Ela fez uma chupeta pra ele no vestiário.

hand job

hard-ass

holly

holy shit

hump

hustler

half ass | half-ass | half-assed

ADJETIVO usado para se referir a algo mal planejado – malfeito, feito pela metade, feito nas coxas. *That's the most half-assed job I've ever seen!* » Esse é o serviço mais malfeito que eu já vi!

hand job

SUBSTANTIVO usado para se referir à masturbação – punheta. *She gave him a hand job on the back seat.* » Ela bateu uma punheta pra ele no banco de trás do carro.

hardass | hard-ass

SUBSTANTIVO usado para se referir a uma pessoa que segue regras ou regulamentos cegamente – linha dura, durão, cu de ferro, CDF. *Come on, make an exception. Don't be such a hard-ass* » Vamos lá, abra uma exceção. Não seja tão durão!

hard-on

SUBSTANTIVO usado para se referir a uma ereção – pau duro. *I get a hard-on every time I think about her.* » Eu fico de pau duro toda vez que penso nela.

head

SUBSTANTIVO usado para se referir a sexo oral – chupeta, boquete. *Does she give good head?* » Ela faz uma chupeta da hora?

hell

SUBSTANTIVO usado para se referir a uma situação difícil ou desagradável – inferno, caos. *Traffic was hell this morning!* » O trânsito estava um inferno hoje cedo! **INTERJEIÇÃO** "caramba!", "cacete!", "putz!", "merda!". *Oh, hell! I've lost my key!* » Cacete! Eu perdi a minha chave!

helluva | hell of a

ADJETIVO ou **ADVÉRBIO** usado para enfatizar – uma porrada de, um puta, um baita. *It was a helluva show!* » Foi um puta show! *Jimi Hendrix was one hell of a guitar player!* » Jimi Hendrix era um baita de um guitarrista!

hit on (someone)

(PHRASAL VERB) **VERBO PREPOSICIONAL** assediar, dar em cima de alguém. *Quit hitting on the waitress, man. You're wasting your time. She's married.* » Pare de dar em cima da garçonete, cara. Você está perdendo o seu tempo. Ela é casada.

ho | holly

SUBSTANTIVO, derivado da palavra "whore", geralmente usado em inglês *americano* para se referir a uma prostituta – puta, vagabunda. *Everyone knows she's a ho.* » Todo mundo sabe que ela é uma vagabunda.

holy shit

INTERJEIÇÃO "puta merda!", "cacete!". *Holy shit! Did you see that?* » Puta merda! Você viu aquilo?

hooker

SUBSTANTIVO usado para se referir a uma prostituta – puta, vagabunda. *I'm telling you, she's a hooker. Just look at the way she's dressed.* » Eu estou te dizendo, ela é uma vagabunda. Olha o jeito que ela está vestida.

hooters

SUBSTANTIVO usado para se referir aos seios – peitos, tetas, melões, *airbags. She's got a nice pair of hooters!* » Ela tem um belo par de peitos!

horny

ADJETIVO usado para se referir a uma pessoa sexualmente excitada – com tesão, assanhado, tarado. *Do you feel horny?* » Você está com tesão?

horseshit

SUBSTANTIVO usado para se referir à uma mentira – besteira, bobagem. *And you believe that horseshit?* » E você acredita nessa besteira?

hump

SUBSTANTIVO usado para se referir a sexo – transa, foda, trepada. *We had a nice hump before going to sleep.* » Nós demos uma bela trepada antes de dormir.

hustler

SUBSTANTIVO usado para se referir a **1** uma pessoa desonesta – trapaceiro, trambiqueiro, picareta. *He's a hustler. He rips off unexpecting tourists.* » Ele é um trambiqueiro. Ele depena os turistas inocentes. **2** uma prostituta – garota de programa, puta. *The only girls you'll meet near the port at this time of night are hustlers.* » As únicas garotas que você vai encontrar perto do porto a essa hora da noite são as putas.

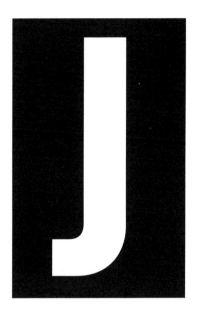

jack shit

jailbait

jerk

jizz

johnson

jugs

jack off

(PHRASAL VERB) **VERBO PREPOSICIONAL** masturbar-se, bater punheta. *What's taking so long? Are you jacking off in there?* » Por que tanta demora? Você está batendo punheta aí dentro?

jack shit

SUBSTANTIVO usado para se referir a algo insignificante – nada, porcaria nenhuma, porra nenhuma. *Some expert he is! He doesn't know jack shit about computers!* » Ele é um especialista coisa nenhuma! Ele não entende porra nenhuma de computadores!

jailbait

SUBSTANTIVO usado para se referir a uma garota menor de idade por quem se tem interesse sexual – encrenca, enrosco, sujeira, dor de cabeça. *Stay away from that girl. She looks like jailbait to me.* » Fique longe dessa garota. Ela só vai te dar dor de cabeça.

jam tart

SUBSTANTIVO, rima com "sweetheart", geralmente usada em inglês *britânico* para se referir a uma mulher promíscua – galinha, piranha, vagabunda, puta. *Who's the jam tart in the pink dress?* » Quem é aquela vagabunda de vestido cor de rosa?

jerk off

(PHRASAL VERB) **VERBO PREPOSICIONAL** masturbar-se, bater punheta. *You need to stop jerking off and go out more.* » Você precisa parar de bater punheta e sair mais.

jerk

SUBSTANTIVO usado para se referir a uma pessoa tola, insistente ou desligada – tonto, babaca, imbecil, idiota. *Why do you waste your time dating that jerk anyway?* » Por que você desperdiça seu tempo namorando esse babaca, afinal?

jizz

SUBSTANTIVO usado para se referir ao sêmen – esperma, porra. *There's jizz all over the bed.* » Tem esperma por toda a cama. **VERBO** ejacular, gozar. *He stopped just before he jizzed.* » Ele parou bem na hora de gozar.

John Thomas

SUBSTANTIVO usado para se referir ao órgão sexual masculino – pênis, pinto, pau. *You wouldn't catch me at one of those nudist beaches with my John Thomas out.* » Você nunca vai me ver numa dessas praias de nudismo com o meu pinto de fora.

johnny

SUBSTANTIVO usado em inglês *britânico* para se referir a um preservativo – camisinha. *Do you have a johnny?* » Você tem uma camisinha?

johnson

SUBSTANTIVO usado para se referir ao órgão sexual masculino – pênis, pinto, pau. *Put your johnson inside your pants!* » Coloque o pinto pra dentro das calças!

jugs

SUBSTANTIVO usado para se referir aos seios – peitos, tetas, melões, *airbags. Suzy's got a decent set of jugs, don't you think?* » A Suzy tem um belo par de peitos, você não acha?

kike

kiss-ass

kiss arse

knob

knockers

kraut

kick ass | kick some ass

EXPRESSÃO usada em inglês *americano* – **1** vencer, detonar, arrasar. *Brazil is playing Argentina in the finals. It's time to kick ass!* O Brasil vai pegar a Argentina na final. É hora de detonar! **2** bater, dar um pau, dar porrada, descer o cacete em alguém. *I want you to get into the ring and kick some ass!* » Eu quero que você entre no ringue e desça o cacete nele!

kick someone's ass | kick someone's ass into next Tuesday

EXPRESSÃO reprimir alguém – dar uma puta bronca, descer a lenha, comer o fígado, comer o rabo de alguém. *The boss is going to kick my ass into next Tuesday if I lose this sale.* » O chefe vai comer o meu rabo legal se eu perder esta venda. *You come in late again and I'll kick your ass.* » Se você chegar atrasado de novo eu vou comer o teu fígado!

kick-ass | kickass

ADJETIVO usado em inglês *americano* para se referir a alguém ou algo **1** forte, poderoso, turbinado, fodido. *He drives a kick-ass 1967 mustang.* » Ele dirige um *mustang* 1967 turbinado. **2** ótimo, excelente, da hora, animal, fodido. *That was some kick-ass show last night.* » O show de ontem foi fodido.

kike

SUBSTANTIVO PEJORATIVO usado para se referir a um judeu (pessoa). *Her father is a kike, so watch the Jewish jokes.* » O pai dela é judeu, então cuidado com as piadas sobre judeus.

kiss my ass

INTERJEIÇÃO "vá para o inferno!" "vá se foder!". *If you don't like my attitude, you can kiss my ass!* » Se você não gosta do meu jeito, vá se foder!

kiss-ass

SUBSTANTIVO usado para se referir a uma pessoa servil – puxa-saco, lambe-cu. *I'll bet the little kiss-ass gets the promotion!* » Eu tenho certeza que o puxa-saco vai ser promovido!

kiss someone's ass | kiss ass

EXPRESSÃO, usada em inglês *americano* – bajular, puxar o saco, lamber o cu de alguém. *I want the promotion, but I'm not going to kiss ass to get it.* » Eu quero a promoção, mas eu não vou lamber o cu de ninguém para consegui-la.

kiss someone's arse | kiss arse

EXPRESSÃO, usada em inglês *britânico* – bajular, puxar o saco, lamber o cu de alguém. *He's been kissing arse in the company for years, but it hasn't landed him a promotion yet.* » Ele puxa saco na empresa há anos, mas isso não o ajudou a conseguir uma promoção ainda.

knob

SUBSTANTIVO usado para se referir a **1** cabeça do pênis. *I caught my knob in the zipper.* » Eu prendi a cabeça do meu pênis no zíper. **2** uma pessoa tola, insistente ou desligada – tonto, babaca, imbecil, idiota. *What does she see in that knob anyway?* » O que ela vê naquele imbecil, afinal?

knock someone up

(PHRASAL VERB) VERBO PREPOSICIONAL engravidar, deixar alguém de barriga. *He knocked up his girlfriend.* » Ele engravidou a namorada.

knockers

SUBSTANTIVO usado para se referir aos seios femininos – peitos, tetas, melões, *airbags. Check out the knockers on that chick!* » Se liga nos melões daquela mina!

know one's ass from one's elbow

EXPRESSÃO sempre usada na forma negativa para se referir à falta de conhecimento de alguém sobre algo – não saber merda nenhuma, não saber porra nenhuma. *What's the point in asking him for advice? He doesn't know his ass from his elbow.* » Nem adianta pedir conselho pra ele! Ele não sabe porra nenhuma!

kraut

SUBSTANTIVO PEJORATIVO usado para se referir a um alemão (pessoa). *The hotel was full of loud krauts.* » O hotel estava cheio de alemães barulhentos.

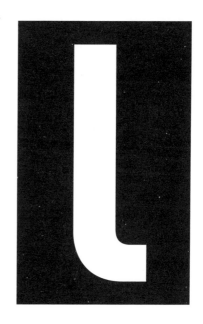

lay

lesbo

limey

loo

lay

SUBSTANTIVO usado para se referir a um parceiro sexual. *She's a pretty good lay.* » Ela é muito boa de cama. **VERBO**, geralmente usado na forma passiva – fazer sexo, transar, comer, foder alguém. *I haven't been laid in a week!* » Eu não transo há uma semana!

lesbo

SUBSTANTIVO PEJORATIVO, derivação de "lesbian", usado para se referir a uma mulher homossexual – lésbica, sapatão. *What makes you think she's a lesbo?* » O que te faz pensar que ela é lésbica?

limey

SUBSTANTIVO *pejorativo* usado para se referir a um inglês (pessoa). *She married a limey I think.* » Ela se casou com um inglês, eu acho.

loo

SUBSTANTIVO usado em inglês *britânico* para se referir ao banheiro. *Where's the loo?* » Onde fica o banheiro?

man boobs

meat

MF

mick

milf

moobs

moose

man boobs

SUBSTANTIVO usado em inglês *britânico* para se referir aos seios de gordura em homem que bebe muita cerveja – tetas. *Look at those ridiculous man boobs on that guy!* » Olha só as tetas ridículas daquele cara!

meat

SUBSTANTIVO usado para se referir a uma mulher sexualmente atraente – gata, filé, gostosa. *Check out the meat by the pool!* » Saca só aquela gostosa ao lado da piscina!

MF

SUBSTANTIVO, acrônimo de "motherfucker", usado para se referir a uma pessoa desprezível – safado, canalha, filho da puta. *The guy is one bad MF, I'm telling you.* » O cara é um verdadeiro filho da puta, estou te dizendo!

mick

SUBSTANTIVO PEJORATIVO usado para se referir a um irlandês (pessoa). *That bloody mick has got a temper when he drinks!* » O filho da mãe do irlandês vira um bicho quando bebe!

milf

SUBSTANTIVO, acrônimo de "mom I'd love to fuck", usado para se referir a uma mulher madura e sexy – coroa gostosa. *The history teacher is a complete milf!* » A professora de história é uma puta coroa gostosa!

moobs

SUBSTANTIVO usado em inglês *britânico* para se referir aos seios de gordura em homem que bebe muita cerveja – tetas. *He looks awful in a bathing suit with those ridiculous moobs!* » Ele fica horrível em roupa de banho com aquelas tetas ridículas!

moose

SUBSTANTIVO usado para se referir a uma mulher feia – mocreia, baranga, tribufu, canhão, bruaca, jaburu. *Who was the moose you took to the party last night?* » Quem era a baranga que você levou à festa ontem à noite?

mother

SUBSTANTIVO, abreviação de "motherfucker", usado para se referir a uma pessoa (em tom enfático) – cara, sujeito, filho da mãe. *Harry is one crazy mother!* » O Harry é um puta cara!

motherfucker

SUBSTANTIVO usado para se referir a **1** uma pessoa desprezível – filho da puta, canalha, safado. *I hate that motherfucker!* » Eu odeio aquele filho da puta! **2** uma pessoa – amigo, cara, mano. *Hey, motherfucker! How are you?* » E aí, cara! Como vai?

nail

nigga

nip

no shit

nookie

numbnuts

nuts

nail

VERBO fazer sexo – transar, trepar, foder, comer alguém. *So, did you nail her after all?* » E aí, você comeu ela, afinal?

nancy boy | nancy

SUBSTANTIVO PEJORATIVO usado em inglês *britânico* para se referir a **1** um menino ou homem afeminado – veadinho, boiola. *The kids keep calling him a nancy boy.* » Os moleques vivem chamando ele de veadinho. **2** um homem homossexual – gay, veado, bicha, boiola. *He looks like a nancy, if you ask me.* » Ele parece boiola, na minha opinião.

nigger | nigga

SUBSTANTIVO PEJORATIVO usado em inglês *americano* para se referir a uma pessoa negra (embora entre negros geralmente não tenha significado pejorativo). *The coach suspended him for calling a player a nigger.* » O treinador o suspendeu por ter chamado outro jogador de negro. *That guy is one cool nigga!* » Esse cara é firmeza!

nip

SUBSTANTIVO PEJORATIVO usado para se referir a um japonês (pessoa) – japa. *The nips love karaoke bars.* » Os japas adoram os bares com karaokê.

no shit

INTERJEIÇÃO "sem mentira!", "eu não estou mentindo!", "sem zoeira!". *She said she'd like to go out with you. No shit!* » Ela disse que gostaria de sair com você. Sem zoeira!

nookie | nooky

SUBSTANTIVO usado para se referir a sexo – transa, trepada, rapidinha. *She likes a little nookie in the morning.* » Ela gosta de dar uma rapidinha de manhã.

nuggets

SUBSTANTIVO usado para se referir aos testículos – bolas, saco. *Christ! I'm freezing my nuggets off out here!* » Caralho! As minhas bolas estão congelando aqui fora!

number

SUBSTANTIVO usado para se referir a uma mulher sexualmente atraente – gata, gostosa, filé. *Jessica is quite a number!* » A Jessica é uma puta gostosa!

numbnuts

SUBSTANTIVO usado para se referir a uma pessoa tola, insistente ou desligada – tonto, babaca, imbecil, idiota. *So, did numbnuts manage to fix the car?* » E aí, o tonto conseguiu consertar o carro?

nuts

SUBSTANTIVO usado para se referir aos testículos – bolas, saco. *I'd kick him in the nuts if he said that to me!* » Eu daria um chute no saco dele, se ele dissesse isso pra mim!

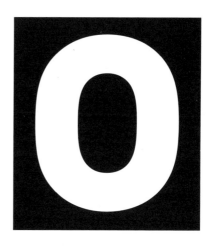

old fart

on the rag

one-night stand

old fart

SUBSTANTIVO usado para se referir a uma pessoa idosa ou antiquada – velho, velhinho, tiozinho. *Who's the old fart in the photo?* » Quem é o tiozinho na foto?

on the rag

ADJETIVO usado para se referir a **1** uma mulher menstruando ou menstruada. *She's on the rag.* » Ela está menstruada. **2** de mau humor. *Is it something I said or is she just on the rag?* » Foi alguma coisa que eu disse ou ela só está de mau humor?

one-night stand

SUBSTANTIVO usado para se referir a um encontro ou parceiro sexual casual de apenas uma noite – rolo, caso. *She was just a one-night stand.* » Ela foi apenas um caso de uma noite só.

pansy

pecker

pinch a loaf

pissed off

poop

pussy

pain in the ass

EXPRESSÃO usada para se referir a uma pessoa ou situação entediante – chato, porre, pé no saco. *These stupid meetings are a pain in the ass!* » Essas reuniões idiotas são um pé no saco! *Don't be such a pain in the ass!* » Não seja chato!

paki

SUBSTANTIVO PEJORATIVO abreviação de "Pakistani", usado para se referir a um paquistanês ou indiano (pessoa). *I just met the paki who moved in next door.* » Eu acabei de conhecer o indiano que se mudou para o apartamento ao lado.

pansy

SUBSTANTIVO PEJORATIVO usado para se referir a um homem homossexual – gay, veado, bicha, boiola. *Stop crying like a pansy. It's only a game.* » Pare de chorar como uma bicha. É apenas um jogo.

pantywaist

SUBSTANTIVO PEJORATIVO usado para se referir a um homem ou menino afeminado – gay, bicha, veado, boiola. *Look at the way the little pantywaist walks.* » Olha como o veadinho anda.

pecker

SUBSTANTIVO usado para se referir ao órgão sexual masculino – pênis, pinto, pau. *Everyone can see your pecker through that bathing suit.* » Todo mundo consegue ver o seu pinto nessa roupa de banho.

pee

SUBSTANTIVO usado para se referir à urina – xixi, mijo. *There's dog pee on the floor!* » Tem xixi de cachorro no chão! **VERBO** urinar, fazer xixi, mijar. *I really need to pee!* » Eu tenho que mijar!

perv | perve | pervy

SUBSTANTIVO, abreviação de "pervert", usado em inglês *britânico* para se referir a uma pessoa pervertida – safado, sem-vergonha. *The perve couldn't keep his hands off the girl!* » O safado não tirava a mão da garota!

peter

SUBSTANTIVO usado para se referir ao órgão sexual masculino – pênis, pinto, pau. *He flashed his peter to the girls on the bus!* » Ele mostrou o pinto para as garotas no ônibus!

piece | piece of ass

SUBSTANTIVO PEJORATIVO usado para se referir a uma mulher sexualmente atraente – gata, gostosa, tesão. *Check out the nice piece of ass at the next table.* » Se liga na gostosona na mesa ao lado.

piece of crap | piece of shit

SUBSTANTIVO usado para se referir a **1** algo de qualidade inferior – porcaria, merda, bosta. *Where did you buy that piece of crap? It doesn't work.* » Onde você comprou essa merda? Isso não funciona! **2** pessoa desprezível – filho da puta, canalha, safado. *What does she see in that little piece of shit anyway?* » O que é que ela vê naquele filho da puta, afinal?

pillow biter

SUBSTANTIVO PEJORATIVO usado para se referir a um homem homossexual – gay, veado, bicha, boiola. *The guy is obviously a piller biter. Just look at how he dresses.* » O cara é uma bicha, com certeza. Olha só o jeito que ele se veste!

pimp

SUBSTANTIVO usado para se referir a **1** um agenciador de garotas de programa ou prostitutas – cafetão. *Mike looks like a pimp with* *those diamond rings.* » O Mike parece um cafetão com aqueles anéis de diamantes. **2** homem que faz sucesso com as mulheres – mulherengo, garanhão, comedor (termo usado pela comunidade negra americana). *Yo, pimp! What's up?* » Fala aí, comedor! O que tá pegando? **VERBO** agir como agenciador de garotas de programa ou prostitutas. *John was busted for pimping.* » O John foi preso por agenciar garotas de programa.

pinch a loaf

EXPRESSÃO fazer cocô, cagar, soltar um barro. *Jim's in the bathroom piching a loaf.* » O Jim está no banheiro soltando um barro.

piss artist

SUBSTANTIVO usado em inglês *britânico* para se referir a **1** um alcoólatra ou pessoa que bebe excessivamente – bebum, cachaceiro, pé de cana. *You'll probably find Allan with the piss artists at the pub.* » Você provavelmente vai encontrar o Allan junto com os pés de cana no bar. **2** uma pessoa que se julga mais sábia do que as outras pessoas – sabichão, sabidão, metido a sabe-tudo. *I don't believe anything that piss artist says!* » Eu não acredito em nada do que esse metido –a sabe-tudo diz!

piss away

(PHRASAL VERB) **VERBO PREPOSICIONAL** gastar de maneira irresponsável (dinheiro) – torrar, detonar. *He pissed away his inheritance money in less than a year.* » Ele torrou a grana da herança dele em menos de um ano.

piss down

(PHRASAL VERB) **VERBO PREPOSICIONAL** chover muito – chover pra cacete. *Looks like it's going to piss down in a bit!* » Parece que vai chover pra cacete daqui a pouco!

piss off

(PHRASAL VERB) **VERBO PREPOSICIONAL** irritar alguém – deixar alguém bravo, ferrado, fodido de raiva, puto da vida. *What did you say to piss her off like that?* » O que você disse pra deixar ela puta da vida desse jeito? **INTERJEIÇÃO** geralmente usada em inglês *britânico* – "cai fora!", "vá pro inferno!", "vá se foder!". *Piss off! I'm busy!* » Vá se foder! Eu estou ocupado!

piss

SUBSTANTIVO usado para se referir à **1** urina – xixi, mijo. *There's piss on the toilet seat!* » Tem mijo no assento do vaso! **2** bebida alcoólica de má qualidade – porcaria. *This piss gives you a bad hangover!* » Esta porcaria dá uma puta ressaca! **VERBO** urinar –

fazer xixi, mijar, dar um mijão. *I really need to piss!* » Eu tenho que dar um mijão!

pissed

ADJETIVO usado para se referir a **1** uma pessoa que está embriagada – bêbado, chapado, trincado. *She was pissed when she left the party last night.* » Ela estava chapada quando saiu da festa ontem à noite. **2** uma pessoa que está zangada – bravo, ferrado, fodido, puto da vida (geralmente usado em inglês *americano*). *The boss is pissed because you arrived late again!* » O chefe está puto da vida por que você chegou atrasado de novo!

pissed off

ADJETIVO usado para descrever uma pessoa que está zangada – bravo, ferrado, fodido, puto da vida. *I'm pissed off at you and you know why!* » Eu estou puto da vida com você e você sabe por que!

pisser

SUBSTANTIVO usado para se referir a **1** um banheiro, urinol – privada. *Can I use your pisser?* » Posso usar o privada? **2** uma pessoa desagradável – chato, pentelho. *What did the pisser do now?* » O que aquele pentelho fez agora?

pisshead | piss-head

SUBSTANTIVO usado para se referir a um alcoólatra ou pessoa que bebe excessivamente – bebum, cachaceiro, pé –de cana. *Frank is always hanging out with the piss-heads.* » O Frank está sempre no meio dos cachaceiros.

pissing contest | pissing match

SUBSTANTIVO usado para se referir a uma disputa sobre algo trivial – briguinha besta. *They got into a pissing contest about who is a better player.* » Eles entraram numa briguinha besta pra saber quem é o melhor jogador.

piss-up

SUBSTANTIVO usado em inglês *britânico* para se referir a um encontro com muita bebida alcoólica – bebedeira, balada, festa. *Did you hear about the piss-up they had last night?* » Você ficou sabendo da festa que eles deram ontem à noite?

poke

VERBO fazer sexo – transar, foder, comer alguém. *Tell me you wouldn't like to poke her!* » Me diga se você não gostaria de comê-la!

ponce

SUBSTANTIVO PEJORATIVO usado em inglês **britânico** para se referir a um homem homossexual – gay, veado, bicha, boiola. *I'll bet the bloke is a ponce.* » Eu aposto que esse cara é veado.

poncey | poncy

ADJETIVO usado em inglês **britânico** para se referir a uma pessoa afeminada – gay, veado, bicha, boiola. *Where did you get that poncy jacket?* » Onde você arrumou essa jaqueta de boiola?

poo | poop

SUBSTANTIVO usado para se referir a fezes – cocô, merda, bosta. *You've got dog poop on your shoes.* » Tem bosta de cachorro no seu sapato. **VERBO** defecar – fazer cocô, cagar. *The dog is pooing on the carpet!* » O cachorro está cagando no carpete!

poof | poofter | pouf

SUBSTANTIVO PEJORATIVO usado para se referir a um homem homossexual – gay, veado, bicha, boiola. *Sam sure comes across as a poofter!* » O Sam realmente tem jeito de veado!

poontang

SUBSTANTIVO usado para se referir a **1** sexo – transa, foda, trepada. *So how was the poontang last night?* » E aí, como foi a trepada ontem à noite? **2** PEJORATIVO órgão sexual feminino – vagina, boceta, perereca, xoxota. *Is poontang the only thing you're interested in?* » Você só pensa em boceta?

poop chute

SUBSTANTIVO usado para se referir ao ânus – cu, rabo. *You can stuff it up your poop chute! I'm not the least bit interested!* » Você pode enfiar isso no cu! Eu não estou nem um pouco interessado!

pork sword

SUBSTANTIVO usado para se referir ao órgão sexual masculino – pênis, pinto, pau. *He pulled out his pork sword in front of everyone.* » Ele tirou o pinto pra fora na frente de todo mundo.

prick

SUBSTANTIVO usado para se referir ao **1** órgão sexual masculino – pênis, pinto, pau. *They say he's got the biggest prick in Hollywood.* » Eles dizem que ele tem o maior pinto em Hollywood. **2** um homem desprezível – canalha, safado, filho da puta. *The prick refuses to give me back the money he owes me!* » O canalha se recusa a devolver o dinheiro que me deve!

prickteaser | prick-teaser

SUBSTANTIVO usado para se referir a uma mulher que se insinua sexualmente para os homens sem interesse de fato – fogo de palha, provocadora. *You'll never score with her. She's a prickteaser.* » Você nunca vai transar com ela. Ela só é fogo de palha.

prostie | prosty

SUBSTANTIVO, derivação de "prostitute", usado para se referir a uma prostituta – puta, vagabunda. *She dresses like a prostie.* » Ela se veste como uma vagabunda.

puff

SUBSTANTIVO usado em inglês *britânico* para se referir aos gases intestinais – peido, pum. *OK, who let rip the puff?* » Tá legal, quem soltou um peido?

punnani

SUBSTANTIVO usado em inglês *britânico* para se referir ao órgão sexual feminino – vagina, boceta, perereca, xoxota. *Can you see her punnani in that photo?* » Você consegue ver a boceta dela nessa foto?

pussy

SUBSTANTIVO usado para se referir ao **1** órgão sexual feminino – vagina, boceta, perereca, xoxota. *Check out the shot of her pussy.* » Dá uma olhada na foto da boceta dela. **2 PEJORATIVO** uma mulher – garota, mina. *So, any nice pussy at the party?* » E aí, alguma mina da hora na festa? **3 PEJORATIVO** homem homossexual – gay, veado, bicha, boiola. *Don't be a pussy and go talk to her!* » Não seja boiola, vai lá e conversa com ela!

queen

queer

quickie

quick one

queen

SUBSTANTIVO, abreviação de "drag queen", usado para se referir a **1** um travesti. *Is that a girl or a queen?* » Aquela é uma garota ou um travesti? **2 PEJORATIVO** homem homossexual – gay, veado, bicha, boiola. *Well, he sure acts like a queen, if you ask me.* » Bem, ele com certeza se comporta como uma bicha, na minha opinião.

queer

SUBSTANTIVO PEJORATIVO usado para se referir a um homem homossexual – gay, veado, bicha, boiola. *Tell me the guy is not a queer! Just look at him!* » Me diga se o cara não é uma bicha! Olha só pra ele! **ADJETIVO** usado para se referir a homem homossexual – gay, veado, bicha, boiola. *There aren't a lot of openly queer people in politics.* » Não tem muito veado assumido na política.

quickie | quick one

SUBSTANTIVO usado para se referir a sexo feito às presas – trepada rápida, rapidinha. *They had a quickie before her parents got home.* » Eles deram uma rapidinha antes de os pais dela chegarem em casa.

rack

rat-arsed | rat arsed

rear end

rent boy

rocks

roger

rubber

rack

SUBSTANTIVO usado para se referir aos seios – peitos, tetas, melões, *airbags*. *Wow, would you look at the size of her rack!* » Uau, olha só o tamanho dos melões dela!

rat-arsed | rat arsed

ADJETIVO usado em inglês *britânico* para se referir ao estado de embriaguez – bêbado, chapado, trincado. *Better not show up for work rat-arsed again if you want to keep your job.* » É melhor você não aparecer no trabalho chapado de novo, se você quiser manter o emprego.

rat-assed | rat assed

ADJETIVO usado em inglês *americano* para se referir ao estado de embriaguez – bêbado, chapado, trincado. *He was rat-assed when I saw him last week.* » Ele estava chapado quando eu o vi a semana passada.

rear end

SUBSTANTIVO usado para se referir as nádegas – bunda, traseiro, rabo. *She's got a nice rear end, wouldn't you say?* » Ela tem um belo traseiro, você não acha?

rent boy

SUBSTANTIVO usado em inglês *britânico* para se referir a um garoto de programa. *They filmed him leaving a restaurant with a rent boy.* » Eles o filmaram saindo de um restaurante com um garoto de programa.

rocks

SUBSTANTIVO usado para se referir aos testículos – bolas, saco. *The ball hit him in the rocks.* » A bola o atingiu no saco.

roger

VERBO, usado em inglês *britânico* – fazer sexo – transar, comer alguém. *Tell me he's not rogering that secretary of his!* » Diga-me que ele não está comendo a secretária dele!

rubber

SUBSTANTIVO usado para se referir a um preservativo – camisinha. *Could you get me a pack of rubbers at the pharmacy?* » Você poderia me comprar um pacote de camisinhas na farmácia?

screw

scuz

shit disturber

shitkicker

slash

sleazy

slut

sack

SUBSTANTIVO usado para se referir aos testículos – saco, bolas. *The dog managed to cut his sack going over the fence.* » O cachorro rasgou o saco pulando por cima da cerca.

salami

SUBSTANTIVO usado para se referir ao órgão sexual masculino – pênis, pinto, pau. *Shit! I caught my salami in the zipper.* » Puta que o pariu! Eu prendi o meu pau no zíper da calça.

screw around (on someone)

(PHRASAL VERB) **VERBO PREPOSICIONAL 1** trair, sair com outra pessoa. *Are you screwing around on your wife?* » Você está traindo a sua mulher? **2** perder tempo fazendo algo inútil, ficar à toa, coçar o saco. *Quit screwing around and give me a hand with this!* » Pare de coçar o saco e venha me ajudar com isso!

screw

SUBSTANTIVO usado para se referir a sexo – transa, trepada. *There's nothing like a good screw first thing in the morning!* » Nada como uma boa trepada logo cedo. **VERBO 1** fazer sexo, transar, trepar. *Are you screwing her or is she just a friend?* » Você está comendo ela ou é só amizade? **2** enganar, sacanear, ferrar, foder alguém. *Don't try to screw me!* » Não tente me sacanear! *My ex-wife really screwed me over.* » A minha ex-mulher me fodeu legal. **INTERJEIÇÃO** "esquece...!", "que se dane...!" *Screw dinner! We haven't got the time.* » Que se dane o jantar! Nós não temos tempo!

screw up

(PHRASAL VERB) **VERBO PREPOSICIONAL 1** falhar, fracassar, cagar, foder com tudo. *You really screwed up big time.* » Você realmente fodeu com tudo! **2** arruinar, estragar, foder algo. *I didn't mean to screw up your plans for the weekend.* » Eu não tinha intenção de estragar os seus planos para o fim de semana.

screwup | screw-up

SUBSTANTIVO usado para se referir a **1** algo errado – palhaçada, mancada, pisada na bola, cagada. *You're not angry about that little screw-up, are you?* » Você não está bravo por causa daquela pequena mancada, está? **2** uma pessoa atrapalhada – tonto, babaca, imbecil, idiota. *The stupid screw-up ordered the wrong part!* » O imbecil fez o pedido da peça errada!

scum | scumbag

SUBSTANTIVO usado para se referir a uma pessoa desprezível – canalha, safado, filho da puta, escroto. *Why don't you stop going out with that scum?* » Por que você não para de sair com esse canalha?

scuz | scuzz | scuzball

SUBSTANTIVO usado para se referir a uma pessoa desprezível – canalha, safado, filho da puta, escroto. *You wouldn't believe the scuz that hangs around here at night.* » Você não acredita o tipo de escroto que vem aqui à noite.

shaft

SUBSTANTIVO geralmente usado para se referir ao órgão sexual masculino – pênis, pinto, pau. *So there he was, shaft in hand and peeing in the garden!* » Então, lá estava ele, com o pinto na mão, mijando no jardim!

shag

SUBSTANTIVO usado em inglês *britânico* para se referir a **1** sexo – transa, foda, trepada. *Good shag last night?* » Foi boa a trepada ontem à noite? **2** um parceiro ou parceira (sexual), namorado ou namorada. *That's Tom's new shag.* » Aquela é a nova namorada do Tom. **VERBO**, usado em inglês *britânico*, fazer sexo – transar, comer, foder alguém. *Do you think he's shagging her?* » Você acha que ele está comendo ela?

sheila

SUBSTANTIVO, usado em inglês *australiano*, para se referir a uma mulher – garota, mina. *We met some nice sheilas on the plane.* » A gente conheceu umas minas da hora no avião.

shit a brick | shit bricks

EXPRESSÃO 1 demonstrar raiva – dar cria, ficar fulo, ficar puto da vida. *Dad is going to shit a brick when he sees the car!* » O pai vai ficar puto da vida quando vir o carro! 2 demonstrar medo – cagar de medo. *He's shitting a brick because he has a presentation in half an hour and he hasn't prepared a thing.* » Ele está cagando de medo porque ele tem uma apresentação em meia hora e ainda não preparou nada.

shit disturber

SUBSTANTIVO usado em inglês *canadense* para se referir a uma pessoa desordeira – encrenqueiro, maloqueiro, vida-torta. *He was a real shit disturber when he was younger.* » Ele era um verdadeiro maloqueiro quando era mais jovem.

shit: (when) the shit hits the fan

EXPRESSÃO usada para descrever a raiva ou fúria de alguém – "(quando) a coisa ficar feia", "(quando) a coisa feder". *Wait until Dad sees what you did to the car. The shit will really hit the fan!* » Espere até o pai ver o que você fez com o carro. A coisa vai feder! *I don't want to be around when the shit hits the fan.* » Eu não quero estar por perto quando a coisa ficar feia.

shit load

SUBSTANTIVO usado para se referir a uma grande quantidade de algo – muito, muitos, um monte de, uma porrada de. *I've got a shit load of work to finish before I leave today.* » Eu tenho uma porrada de trabalho para terminar antes de ir embora hoje.

shit one's pants

EXPRESSÃO demonstrar medo – cagar de medo. *I was shitting my pants before the interview, but I think it went OK.* » Eu estava cagando de medo antes da entrevista, mas eu acho que fui bem.

shit or get off the pot

EXPRESSÃO decidir-se, resolver algo – "sair de cima do muro", "ou cagar ou sair da moita". *Look Frank, either you want to work with us or you don't. It's time to shit or get off the pot!* » Olha aqui

WATCH YOUR MOUTH! **121**

Frank, ou você quer trabalhar com a gente ou você não quer. É hora de você decidir, ou caga ou sai da moita!

shit

SUBSTANTIVO usado para se referir a **1** fezes – cocô, merda, bosta. *I smell shit, don't you?!* » Eu estou sentindo cheiro de merda, você não está?! **2** mentira – besteira, papo furado. *You don't believe that shit, do you?* » Você não acredita nesse papo furado, acredita? **3** coisas em geral – tralha, tranqueira. *Put your shit in the trunk and let's go.* » Coloque as suas tranqueiras no porta-malas e vamos embora. **4** posses, pertences, coisas de uma pessoa. *Can I keep my shit at your place until I find an apartment?* » Eu posso deixar as minhas coisas na sua casa até eu encontrar um apartamento? **5** algo sem valor ou que não presta – um centavo, porcaria, merda. *That car is not worth shit.* » Esse carro é uma merda. **6** pessoa desprezível – canalha, safado, filho da puta. *I can't believe the little shit said that about me.* » Eu não acredito que aquele safado disse isso a meu respeito. **7** droga (geralmente maconha). *Go and smoke that shit outside.* » Vá fumar maconha lá fora. VERBO **1** defecar – fazer cocô, cagar. *I really need to shit!* » Eu tenho que cagar! **2** mentir, enganar, sacanear alguém. *I think you're shitting me.* » Eu acho que você está me sacaneando. **3** demonstrar medo – cagar nas calças. *She was shitting herself before the interview.* » Ela estava cagando nas calças antes da entrevista. ADJETIVO usado para se referir a algo de má qualidade – péssimo, horrível, de merda. *What a shit day this has been!* » Que dia de merda que eu estou tendo! INTERJEIÇÃO "merda!" *Shit! I'm late for work!* » Merda! Eu estou atrasado para o trabalho!

shit: be full of shit

EXPRESSÃO ser mentiroso. *Don't believe anything he tells you. He's so full of shit!* » Não acredite em nada do que ele fala. Ele é um mentiroso!

shit: be in shit | be in deep shit

EXPRESSÃO estar em apuros, estar fodido. *If the boss find out, I'll be in deep shit for sure.* » Se o chefe descobrir, eu estou fodido com certeza.

shit: be up shit's creek (without a paddle)

EXPRESSÃO estar em apuros, estar fodido. *You've got finals next week and you haven't even started studying? Man, you're up shit's creek without a paddle!* » Você tem exames na semana que vem e nem começou a estudar? Cara, você está fodido!

shit: have a shit | take a shit

EXPRESSÃO defecar, fazer cocô, cagar, soltar um barro, dar um cagão. *I just need to have a shit and shave and I'll be ready.*
» Eu só preciso dar um cagão e fazer a barba e estou pronto.

shit: no shit Sherlock

INTERJEIÇÃO sempre usada em tom irônico – "não brinca, verdade?", "puxa vida, é mesmo?". *"We could lose our jobs if we get caught." "No shit Sherlock! That's why we're not going to tell the boss about this!"* » "A gente pode perder o emprego se eles nos pegarem." "Não brinca, verdade? É por isso mesmo que a gente não vai contar nada para o chefe!"

shitass | shit-ass

SUBSTANTIVO usado para se referir a uma pessoa desprezível – canalha, safado, filho da puta. *Some shit-ass scratched the car!*
» Algum filho da puta riscou o carro!

shitbag | shit bag | shit-bag

SUBSTANTIVO usado para se referir a uma pessoa desprezível – canalha, safado, filho da puta. *Why do you hang out with that shit-bag?* » Por que você anda com aquele canalha?

shite

INTERJEIÇÃO, derivação e alternativa menos ofensiva que "shit" – "droga!", "porcaria!","cacete!" *Shite! I can't find my keys!* » Droga! Eu não estou achando as chaves!

shitfaced

ADJETIVO usado para se referir ao estado de embriaguez – bêbado, chapado, trincado. *He got home shitfaced and went straight to bed.* » Ele chegou em casa trincado e foi direto pra cama.

shit-for-brains

SUBSTANTIVO usado em inglês *americano* para se referir a uma pessoa tola, insistente ou desligada – tonto, babaca, imbecil, idiota. *Which one of you shit-for-brains spilled milk on the floor?* » Qual foi o idiota de vocês que derramou leite no chão?

shithead

SUBSTANTIVO usado para se referir a uma pessoa tola, insistente ou desligada – tonto, babaca, imbecil, idiota. *The new manager is a real shithead!* » O novo gerente é um idiota completo!

shitkicker

SUBSTANTIVO usado para se referir a **1** uma pessoa simples e rude do campo – caipira. *The little shitkicker doesn't know the first thing about fixing cars!* » O caipira não tem a mínima noção de como consertar um carro! **2** bota ou sapato rústico e pesado – botina. *Where do you think you're going in those shitkickers!* » Aonde você pensa que vai com essas botinas?

shitload | shit-load

SUBSTANTIVO usado para se referir a uma grande quantidade de algo – monte, porrada de algo. *I've got a shit-load of work at the office this week.* » Eu tenho uma porrada de trabalho no escritório esta semana.

shits

SUBSTANTIVO, sempre usado com o artigo "the", para se referir à diarreia – cocô mole, caganeira. *Where's the can? I've got the shits!* » Onde fica o banheiro? Eu estou com uma puta caganeira!

shitstain

SUBSTANTIVO usado para se referir a **1** mancha de excremento em roupa ou roupa de cama – mancha de merda, sujeira. *Who left the underwear with the shitstains on the bathroom floor?* » Quem deixou a cueca com mancha de merda no chão do banheiro?

2 SUBSTANTIVO usado para se referir a uma pessoa desprezível, sem moral ou ética – safado, sem-vergonha, canalha, filho da puta. *I can't believe the little shitstain left you for another woman.* » Eu não acredito que aquele canalha te deixou por causa de outra mulher.

shitter

SUBSTANTIVO usado para se referir ao banheiro – privada. *The shitter is just down the hall.* » A privada fica no final do corredor.

shitty

ADJETIVO usado para se referir a algo insignificante ou de má qualidade – vagabundo, porcaria, de merda. *That shitty TV is on the blink again!* » A porcaria da TV está quebrada de novo!

sixty-nine | sixty-niner | 69

SUBSTANTIVO usado para se referir a sexo oral mútuo – meia-nove. *She's really into sixty-niners.* » Ela é bem chegada num meia-nove.

skid mark

SUBSTANTIVO usado para se referir a mancha marrom de sujeira na cueca – marca de freada na cueca. *Look at the skid marks on his underwear!* » Olha só as marcas de freada na cueca dele!

skin flick

SUBSTANTIVO usado para se referir a um filme erótico ou pornográfico – vídeo ou filme pornô. *Have you got any skin flicks for us to watch?* » Você tem algum filme pornô pra gente assistir?

skin

SUBSTANTIVO usado para se referir a sexo – transa, foda, trepada. *So, are you getting any skin with your secretary?* » E aí, você está transando com sua secretária?

skirt

SUBSTANTIVO usado para se referir a uma mulher – garota, mina. *Who's the skirt sitting over there?* » Quem é a garota sentada ali?

slant

SUBSTANTIVO PEJORATIVO usado para se referir a uma pessoa de origem asiática – oriental, japa, china. *Who's the slant in the car?* » Quem é o japa naquele carro?

slapper

SUBSTANTIVO usado para se referir a uma mulher promíscua e vulgar – vagabunda, puta. *She's a real slapper!* » Ela é uma vagabunda mesmo!

slash

SUBSTANTIVO usado para se referir ao ato de urinar – xixi, mijo, mijada, mijão. *Where's the bathroom? I need to have a slash.* » Onde fica o banheiro? Eu preciso dar um mijão.

sleazebag

SUBSTANTIVO usado para se referir a uma pessoa desprezível, sem moral ou ética – safado, sem-vergonha, canalha, filho da puta. *Her ex-husband is a real sleazebag.* » O ex-marido dela é um verdadeiro canalha.

sleazy

ADJETIVO usado para descrever algo vulgar e imoral – safado, sem-vergonha, sacana, provocante. *She wears these really sleazy outfits to attract men.* » Ela usa umas roupas bem provocantes para atrair os homens.

slime | slimebag | slimeball

SUBSTANTIVO usado para se referir a uma pessoa desprezível, sem moral ou ética – sem-vergonha, safado, canalha, filho da puta. *I hope they let the slimebag rot in jail for what he did.* » Eu espero que eles deixem o safado apodrecer na cadeia pelo o que ele fez.

slut

SUBSTANTIVO usado para se referir a uma mulher promíscua – galinha, piranha, vagabunda, puta. *She was a slut back in high school!* » Ela era a maior piranha na época do colégio!

smart-ass | smart ass | smartass

SUBSTANTIVO usado para se referir a uma pessoa que se acha esperta e sabe tudo – espertinho, sabichão, sabidão. *OK smart-ass, you tell me what's wrong with car then!* » Tudo bem, sabidão, diz aí o que tem de errado com o carro, então!

snatch

SUBSTANTIVO usado para se referir ao órgão sexual feminino – vagina, boceta, perereca, xoxota. *All the guys at work want to get into her snatch.* » Todos os caras no trabalho querem comer a boceta dela.

snot

SUBSTANTIVO usado para se referir a **1** muco – caca de nariz, meleca do nariz. *Gross! He just picked his nose and ate his snot!* » Que nojo! Ele tirou uma meleca do nariz e comeu! **2** criança mal-educada – pirralho, pestinha. *The little snot in the apartment next door doesn't stop screaming. It's driving me nuts!* » O pestinha do apartamento ao lado não para de gritar. Isso está me dando nos nervos!

SOB

SUBSTANTIVO, acrônimo de "son of a bitch", usado para se referir a uma pessoa desprezível – filho da puta. *What did the SOB do this time?* » O que o filho da puta fez desta vez?

sod off

INTERJEIÇÃO "cai fora!", "vá se foder!". *Sod off! I'm not interested!* » Vai se foder! Eu não estou interessado!

sod

SUBSTANTIVO, abreviação de "sodomite", usado para se referir a uma pessoa – cara, fulano, sujeito. *Is the old sod still angry with me?* » O cara ainda está bravo comigo? **INTERJEIÇÃO** "merda!", "cacete!". *Oh, sod! We'll miss the beginning of the film!* » Merda! A gente vai perder o começo do filme!

son of a bitch

SUBSTANTIVO usado para se referir a uma pessoa desprezível – filho da puta, canalha, pilantra, safado. *I can't stand that son of a bitch!* » Eu não suporto aquele filho da puta!

spade

SUBSTANTIVO PEJORATIVO usado para se referir a uma pessoa de origem africana ou de cor negra – negro, preto. *Who's the spade talking to the girls?* » Quem é o negro conversando com as garotas?

spic

SUBSTANTIVO PEJORATIVO usado para se referir a uma pessoa de origem latina ou hispânica. *They caught the spic who stole your car.* » Eles pegaram o latino que roubou o seu carro.

spook

SUBSTANTIVO PEJORATIVO usado para se referir a uma pessoa de origem africana ou de cor negra – negro, preto. *The new teacher is a spook.* » O novo professor é negro.

squirts

SUBSTANTIVO, sempre usado com o artigo "the", para se referir a diarreia – cocô mole, caganeira. *I can't eat hot food. It gives me the squirts!* » Eu não posso comer comida apimentada. Isso me dá uma puta caganeira!

stacked

ADJETIVO usado para se referir a uma mulher com seios grandes – peituda. *The waitress is really stacked!* » A garçonete tem uns peitos enormes!

stiffy

SUBSTANTIVO usado para se referir a uma ereção – pau duro. *I get a stiffy just thinking about her.* » Eu fico de pau duro só de pensar nela.

ta-ta's

tits up

toss off

tough shit

trouser snake

turd burglar

twat

ta-ta's

SUBSTANTIVO usado para se referir aos seios femininos – peitos, melões, *airbags*. *Susan's got a beautiful pair of ta-ta's!* » A Susan tem uns melões da hora!

throne

SUBSTANTIVO usado para se referir ao vaso sanitário – trono. *Can he call you back? He's on the throne right now.* » Será que ele pode te ligar mais tarde? Ele está no trono agora!

tightass | tight-ass

SUBSTANTIVO 1 pessoa muito tensa ou nervosa – cricri, enjoado, chato. *So I'm a little late. Don't be such a tight-ass!* » E daí que eu estou um pouco atrasado? Não seja chato! **2** pessoa muito formal, reservada ou séria – durão, cara amarrada. *Does the old tightass ever lighten up and smile?* » O cara amarrada nunca relaxa e sorri, não? **3** pessoa egoísta – miserável, sovina, pão-duro, mão de vaca. *The tightass didn't even leave a tip!* » O mão de vaca não deixou nem uma gorjeta!

tit | tits

SUBSTANTIVO usado para se referir aos **1** seios – peitos, melões, *airbags*. *She's got nice tits.* » Ela tem uns melões da hora.
2 pessoa tola, insistente ou desligada – tonto, babaca, imbecil, idiota. *My boss is such a tit!* » O meu chefe é um babaca!

tits up

ADJETIVO usado para se referir a algo **1** caótico – de ponta cabeça, na maior zona. *Everything's tits up at the shop while they install the new machines.* » Está tudo a maior zona na loja enquanto eles instalam as novas máquinas. **2** falido (empresa, organização). *Bob's company went tits up last year.* » A empresa do Bob faliu no ano passado.

titty | titties

SUBSTANTIVO usado para se referir aos seios – peitos, melões, *airbags*. *Just look at her titties!* » Olha só os peitos dela!

tool

SUBSTANTIVO usado para se referir a uma pessoa tola, insistente ou desligada – tonto, babaca, imbecil, idiota. *Don't tell me the tool lost his key again!* » Não me diga que o imbecil perdeu a chave dele de novo! **2** órgão sexual masculino – pênis, pinto, pau. *He shows his tool in the movie.* » Ele mostra o pau no filme.

toosh

SUBSTANTIVO usado em inglês *americano* para se referir às nádegas – bunda, traseiro, rabo. *She just sits on her toosh all day long and does nothing.* » Ela fica com o rabo sentado o dia inteiro e não faz nada.

toss off

(PHRASAL VERB) **VERBO PREPOSICIONAL** usado em inglês *britânico* – masturbar-se, bater punheta. *What are you doing in there so long? Tossing off?* » O que você está fazendo aí dentro a tanto tempo? Batendo punheta?

tosser

SUBSTANTIVO usado em inglês *britânico* para se referir a uma pessoa tola, insistente ou desligada – tonto, babaca, imbecil, idiota. *The tosser hasn't got a chance with her.* » O babaca não tem a menor chance com ela!

tosspot | toss-pot

SUBSTANTIVO usado em inglês *britânico* para se referir a **1** um alcoólatra ou pessoa que bebe muito – bêbado, bebum, cachaceiro, pé –de cana. *He must be down at the pub with all the other tosspots!* » Ele deve estar no bar com os outros bebuns! **2** pessoa tola, insistente ou desligada – tonto, babaca, imbecil, idiota. *The tosspot installed the wrong part!* » O idiota instalou a peça errada!

tough shit

INTERJEIÇÃO "azar o seu!", "problema seu!", "se vira!", "foda-se!". *"But I need you to help with the party." "Tough shit! Get someone else to help you."* » "Mas eu preciso da sua ajuda com a festa." "Problema seu! Arrume outra pessoa pra te ajudar."

tough titty

INTERJEIÇÃO "azar o seu!", "problema seu!", "se vira!". *Tough titty! It's your problem now!* » Se vira! O problema é seu agora!

trick

SUBSTANTIVO usado para se referir ao **1** ato de prostituição – programa. *How many tricks does she do a night?* » Quantos programas ela faz por noite? **2** cliente de uma prostituta. *You're just another trick!* » Você é apenas mais um cliente!

trots

SUBSTANTIVO, sempre usado com o artigo "the", para se referir à diarreia – cocô mole, caganeira. *The food last night gave me the trots!* » A comida de ontem à noite me deu uma puta caganeira!

trouser snake

SUBSTANTIVO usado para se referir ao órgão sexual masculino – pênis, pinto, pau. *This will make your trouser snake bigger.* » Isso vai aumentar o tamanho do seu pau.

trout

SUBSTANTIVO usado para se referir a uma mulher feia – mocreia, baranga, tribufu, canhão, bruaca, jaburu. *Who's the trout sitting beside Jim?* » Quem é a mocreia sentada ao lado do Jim?

turd burglar

SUBSTANTIVO PEJORATIVO usado para se referir a um homem homossexual – gay, veado, bicha, boiola. *I'll bet you any money he's a turd burglar.* » Eu aposto o que você quiser que ele é veado.

turd

SUBSTANTIVO usado para se referir a **1** fezes – cocô, merda, troço. *Did you leave that turd in the toilet?* » Foi você que deixou aquele troço na privada? **2** pessoa tola, insistente ou desligada – tonto, babaca, imbecil, idiota. *Why does she insist on dating that little turd?* » Por que ela insiste em namorar aquele idiota?

twat

SUBSTANTIVO usado para se referir ao **1** órgão sexual feminino – vagina, boceta, perereca, xoxota. *Check out her twat!* » Dá uma olhada na boceta dela! **2 PEJORATIVO** pessoa desprezível – cretino, safado, canalha, filho da puta. *She finally divorced the twat.* » Ela finalmente se divorciou daquele canalha!

up yours

up yours

INTERJEIÇÃO "vá pro inferno!", "vá tomar no cu!". *"You're not invited." "Yeah? Up yours! I didn't want to go to your stupid party anyway!"* » "Você não foi convidado." "Ah, é? Vá tomar no cu! Eu não queria mesmo ir a sua festa ridícula!"

vadge

vage

vadge | vage

SUBSTANTIVO, derivação de "vagina", usado em inglês *britânico* para se referir ao órgão sexual feminino – vagina, boceta, perereca, xoxota. *You can see her vadge in this photo!* » Dá pra ver a boceta dela nesta foto!

wabs

wank mag

wedding tackle

well-hung

whack off

windypops

woody

wabs

SUBSTANTIVO usado em inglês **britânico** para se referir aos seios femininos – peitos, melões, *airbags*. *She's got terrific wabs!* » Ela tem uns melões incríveis!

wang

SUBSTANTIVO usado para se referir ao órgão sexual masculino – pênis, pinto, pau. *She threatened to cut off his wang!* » Ela ameaçou cortar o pinto dele fora.

wank mag

SUBSTANTIVO usado em inglês **britânico** para se referir a uma revista masculina – revista pornô. *Don't tell me you buy these wank mags!* » Não me diga que você compra estas revistas pornôs!

wank

SUBSTANTIVO usado em inglês **britânico** para se referir a **1** pessoa tola, insistente ou desligada – tonto, babaca, imbecil, idiota. *Is your sister still going out with that wank from work?* » A sua irmã ainda está saindo com aquele babaca do escritório? **2** mentira – besteira, bobagem, asneira, merda. *Don't listen to that wank! He's obviously a liar!* » Não dê ouvidos a essas besteiras! Ele é

um mentiroso de mão cheia! **VERBO** usado em inglês *britânico* –
masturbar-se, bater punheta. *What the hell are you doing in
there? Wanking?* » Que raios você está fazendo aí dentro?
Batendo punheta?

wanker

SUBSTANTIVO usado em inglês *britânico* para se referir a uma
pessoa tola, insistente ou desligada – tonto, babaca, imbecil,
idiota. *I'll never speak to that wanker again!* » Eu nunca mais
vou falar com aquele idiota!

wedding tackle

SUBSTANTIVO usado para se referir à genitália masculina – pinto,
saco. *She gave him a kick in the wedding tackle.* » Ela deu um
chute no saco dele.

wedgie | wedgy

SUBSTANTIVO brincadeira de mau gosto na qual a cueca de uma
pessoa é puxada para cima causando à vítima desconforto e
constrangimento. *Remember giving wedgies at school? Man, were
we ever cruel!* » Você se lembra quando a gente puxava a calça
dos garotos para cima na escola? Cara, como a gente era cruel!

well-hung

ADJETIVO usado para se referir a um homem de pênis grande – bem-dotado. *Sure he's well-hung. Why else would all the chicks go out with him?* » Claro que ele é bem-dotado. Por que mais as garotas sairiam com ele?

wetback

SUBSTANTIVO PEJORATIVO usado em inglês *americano* para se referir a um mexicano (pessoa). *Los Angeles has probably got more wetbacks than Americans these days.* » Los Angeles provavelmente tem mais mexicanos do que americanos hoje em dia.

whack off

(PHRASAL VERB) **VERBO PREPOSICIONAL** masturbar-se, bater punheta. *The kid was whacking off in the bathroom.* » O moleque estava batendo punheta no banheiro.

whitey

SUBSTANTIVO PEJORATIVO usado em inglês *americano* para se referir a uma pessoa de cor branca – branquelo (termo geralmente usado pelos negros). *Who's the whitey talking to Karen?* » Quem é o branquelo conversando com a Karen?

windypops

SUBSTANTIVO usado em inglês *britânico* para se referir à flatulência – gases. *Sorry, mate. I've got windypops!* » Foi mal, cara. Eu estou com gases!

woody

SUBSTANTIVO usado para se referir a uma ereção – pau duro. *All she has to do is look at me and I get a woody.* » É só ela olhar pra mim e eu fico de pau duro.

wop

SUBSTANTIVO PEJORATIVO usado para se referir a um italiano (pessoa). *It was a nice street until the wops moved in next door!* » Era uma rua legal até os italianos se mudarem para a casa ao lado!

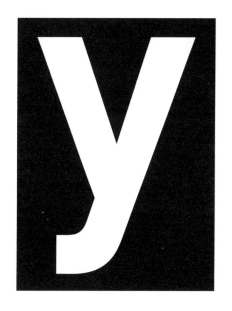

yankee

yank

yo-yo knickers

yank | yankee

SUBSTANTIVO para se referir a um norte-americano (pessoa). *Costa Rica is full of retired yanks.* » A Costa Rica está cheia de americanos aposentados.

yank

SUBSTANTIVO usado em inglês *britânico* para se referir à masturbação – punheta. *Is he still having a yank in the bathroom?* » Ele ainda está batendo punheta no banheiro? **VERBO** usado em inglês *britânico* – masturbar-se, bater punheta. *Mate, find a girl and quit yanking!* » Cara, arranje uma namorada e pare de bater punheta!

yo-yo knickers

SUBSTANTIVO usado em inglês *britânico* para se referir a uma mulher promíscua – galinha, vagabunda, puta. *Everyone knows she's a yo-yo knickers!* » Todo mundo sabe que ela é uma vagabunda!

zeppelins

zeppelins

SUBSTANTIVO usado em inglês *britânico* para se referir aos seios – peitos, melões, *airbags*. *Just look at those zeppelins, mate!*

» Saca só os melões dela, cara!

CONHEÇA TAMBÉM

CONHEÇA TAMBÉM

Este livro foi impresso em agosto de 2014
pela Yangraf Gráfica e Editora Ltda., sobre papel offset 90g/m².